dpg media

© 2021 Disney
Een uitgave van DPG Media Magazines B.V. - Hoofddorp
Eerste druk 2021
ISBN 978-94-6305-562-8
NUR 362

Hoofdredactie: Joan Lommen, Ferdi Felderhof (adj.)
Projectredactie: Nicoline Streng
Coverillustratie: Alessio Coppola
Redactie: Jana van de Hoek, Jetty Koster (chef)
Vormgeving: Ellen Hagenaars (artdirector)
Productieassistent: Roos Schultheiss
Technische bewerking: Gidy Blom
Redactiesecretariaat: Jenny Kovácsèk
Aan deze uitgave werkten mee: Fecit Vormgevers bv, Van der Heide Produkties, Froukje Hoekstra, Marije Jansen, Remco Koning, Jacqueline Post, Jan de Rooij, Esther Smit-Schiphorst
Distributie voor Nederland: Aldipress BV – Utrecht, tel.: 030-6660611
Directeur DPG Media: Erik Roddenhof
Directeur Magazines: Joyce Nieuwenhuijs

DONALD DUCK

De THUISVAKANTIE

MAAR HET IS ZO HEET, OOM DONALD...
LOGISCH, TOCH? HET IS ZOMER!
MOGEN WE DAN EEN AIRCO KOPEN?
TSK! WEET JE WEL WAT DAT KOST?
JULLIE HEBBEN TWEE OPTIES! DE VENTILATOR OF DE KOELKAST!
HMPF!
?
IJS
IJS
HÉ! WAT GAAN JULLIE DOEN?
IJS
WE HEBBEN ALLEBEI DE OPTIES GEKOZEN, OOM!
IJS
IJS
IJS

IK WOU DAT WE NAAR ZEE KONDEN...
IK ZEI TOCH DAT IK PLATZAK BEN!
ZEG EENS... IS DAT EEN NIEUWE SPAARPOT?
JA, DIE HEBBEN WE PAS GEKOCHT!
DAN IS DE OPLOSSING SIMPEL! ALS JULLIE HET GOED VINDEN...
NOU... EIGENLIJK...
HUH? ZÓ WEINIG?
WE HEBBEN DIE SPAARPOT VAN ONS SPAARGELD GEKOCHT!
HOE VAAK HEB IK JULLIE NIET GEZEGD TE GAAN SPAREN?
INCLUSIEF NU?
NUL KEER...
ECHT NOOIT!

GRMPF! ALS JULLIE DAT ZOUDEN LEREN, KONDEN WE OP VAKANTIE!
DING DONG
PAKJE VOOR DONALD DUCK!
EEN OPBLAAS-ZWEMBAD?!
EH...
VOOR JULLIE! ZO HOEVEN JULLIE DE ZEE NIET TE MISSEN!
PATS
WE GELOVEN ER NIKS VAN... HIJ WAS VOOR UZELF!
W-WELNEE...
LUISTER! WE MAKEN ER EEN THUISVAKANTIE VAN! ZWEMBAD, SPELLETJES...
...NET OF WE OP HET STRAND ZIJN! LEUK, TOCH?!
MOMPEL... GOED DAN!

PERFECT! WE BEGINNEN METEEN, JONGENS!
IK DOE DE DRANKJES!
LAAT HET ZWEMBAD MAAR AAN MIJ OVER!
IK ZOEK DE BESTE ZONPLEK!
WAT DOET U, OOM?
IK VERMAAL DE IJSBLOKJES VOOR DE DRANKJES! DE VRIEZER ZIT AL VOL!
VRRR
IJS
HMPF! WAAROM GAAT DE BLENDER NIET UIT?
VRRR
GRRR! HIJ BLIJFT MAAR DOORGAAN!
VRRR
EH... DE BLENDER WERKT OP BATTERIJEN! MAAR DE VRIEZER...
WAK!
IJS
IJS

OEI! IK STRUIKELDE BIJNA OVER JULLIE SPEELGOED, JONGENS!
SORRY, OOM! WE HALEN HET WEG!
IK DOE HET WEL! JULLIE MAKEN ER EEN BENDE VAN!
TJONGEJONGE...
HM... DE WATERSTRAAL IS NOGAL ZWAK!
JONGENS! GA NAAR DE KELDER EN VERHOOG DE WATERDRUK!
GOED, OOM!

OH! DEZE KNOOP IS HET PROBLEEM!
ZO BETER, OOM DONA...
WAAAAK
!!!
SLUIT DE KRAAAAN!
SNEL!
KOMT ER NOG WAT VAN?
WEG MET DIE TELEFOONS! HELP ME!
NOG EEN PAAR FOTO'S!
ZÓ GRAPPIG!
FLITS
FLITS

IK BEN INMIDDELS WEL TOE AAN EEN *DUTJE!*
GRMPF! HOU EENS OP MET DIE *WATERPISTOLEN!*
MOMPEL...
KOM HIER! JULLIE MOETEN *ZONNEBRANDCRÈME* OP!
DIE HEBBEN WE AL OP!
HET KAN *NOOIT* TE VEEL ZIJN!
ZEKER WETEN?
IK KAN HET PISTOOL NIET MEER VASTHOUDEN!
ZZZ
GLP!

OOM DONALD! KOM KIJKEN!
ZIEN JULLIE NIET DAT IK HET ZWEMBAD STA TE VULLEN?
JA, MAAR U MOET ECHT EVEN...
LATER! IK HEB NU GEEN TIJD!
HMPF! WAAROM DUURT HET ZO LANG?
DAT WILDEN WE U LATEN ZIEN!
SLIK!
HÉ! PAS NOU OP MET DIE BAL!
OEPS!
SLIK! WAS ER GEEN BETERE PLEK VOOR DE TRAMPOLINE?
BOING

LAAT IK DE TAARTEN UIT DE BUURT VAN DE JONGENS HOUDEN EN...
...DE TUINSPROEIERS OOK... GLP!
EN? DEZE THUISVAKANTIE IS TOCH BEST LEUK, HÈ?
JA! WEL JAMMER DAT WE NIET IN HET ZAND KUNNEN SPELEN!
NATUURLIJK KAN DAT WEL! LET MAAR EENS OP!
MAAR...
ZIE JE? MET EEN BEETJE SPIERKRACHT...
WACHT, OOM...
KLANG
SPLATS
U VERGEET DE LEIDINGEN! HIHI!

HÉ! WEG BIJ DIE WATERMELOENEN!
MAAR WE WILDEN GRAAG...
WE ETEN ZE STRAKS!
HEB TOCH EENS EEN BEETJE GEDULD!
IK HEB EEN IDEE...
PSSST, PSSST...
NU! OOM DONALD KIJKT NIET!
SLURP
OKÉ, JONGENS! NU HEB IK OOK WEL TREK!

HÉ! JULLIE SPETTEREN MIJ OOK NAT!
GRMBL!
OEI! ER ZITTEN WESPEN OP HET FRUIT!
WAK!
WEG!
KSST!
BZZZ
BZZZ

NEEE!
BZZZZZ
AAAH!
HEEL GOED, OOM! HOU ZE NOG EVEN BEZIG!
HMPF! WAT EEN GEDOE...
FLAP
IS DE PARASOL WEER STUK?
HIJ BLIJFT NIET OPEN!
TSK! WACHT MAAR, IK HOU 'M WEL TEGEN MET DE HARK!
RRATS
WAK!

GENOEG! IK BEN KLETSNAT DOOR JULLIE!
OEPS!
SPLATS
GA DAT ZWEMBAD UIT! NU!
OH OH!
BOING
ALS IK JULLIE... HUH?!
WOMP
KREUN!
BOOO ING
PLONS
HA! U WILDE HET ZWEMBAD GEWOON VOOR UZELF!
GRRR!

KUNNEN WE U HELPEN, OOM?
HA! EINDELIJK...
HMMM...
KWIK, HOU DIT GOED VAST!
KWEK EN KWAK, GA SNEL IJS EN SINAASAPPELS HALEN!
JE MOET HET BATJE WEL IETS SNELLER BEWEGEN!
ZO?
FLAP FLAP
PERS NU DE SINAASAPPELS EN GIET HET SAP IN EEN GLAS MET IJS!
HEERLIJK! WEL WAT MINDER IJS IN HET VOLGENDE GLAS GRAAG!

GEEF ME NOG WAT MEER IJS, JONGENS!
ECHT?
NOG MEER IJS!
IS HET NIET TE ZWAAR?
IJS
HMPF! WILLEN JULLIE DAT IK LIMONADE MAAK OF NIET? GEEF ME MEER IJS!
ZIE JE? HET LUKT WEL!
PAS OP!
!
SWISJ
GEEF ME NÓG MEER IJS, JONGENS! ZUCHT!

NIET ZO HARD, OOM!
'T IS NIET MIJN SCHULD DAT IK ZO GOED BEN!
TOK
PSSST, PSSST...
OOM DONALD, LAAT DIE SLAG NOG EENS ZIEN!
OKÉ! LET GOED OP!
SPLATS
?
!
JONGENS, HELP EENS MET DE GRILL!
STRAKS...
JONGENS, IK HEB HULP NODIG BIJ...
STRAKS, OOM!

HA! DIT KAN IK WEL ALLEEN AF!
RIEP U ONS, OOMPJE?
ZOEF
ZOEF
ZOEF
...
MOGEN WE EEN PIZZA BESTELLEN, OOM?
IK BEN AL MET DE BARBECUE BEZIG!
U EN OPEN VUUR... DAT IS GEEN GOEDE COMBINATIE!
GRMPF! GRAPPIG, HOOR!
PIZZA! POEH! JE ZULT ZIEN DAT...
WAMP

EINDELIJK IS ALLES PERFECT!
ZWEMBAD... NAT!
SPEELPLEK... ZANDERIG!
VERFRISSINGEN... VERFRISSEND!
EINDELIJK KUNNEN WE GENIETEN VAN ONZE THUIS-VAKANTIEDAG!
RROMMEL
EH... OOM DONALD...
GRRR...

SNEL! NAAR BINNEN!
SPLATS
SPLATS
HET HOUDT VOORLOPIG NIET OP!
ZUCHT... ALLES WAS ZO PERFECT...
'T GEEFT NIET NIET, OOM!
ALS WE NIET BUITEN VAN DE ZOMER KUNNEN GENIETEN...
...DOEN WE BINNEN NET OF HET HERFST IS! WIL ER IEMAND POPCORN?
GRMPF!
HIHI! HET IS NU TENMINSTE LEKKER KOEL!
EINDE

HET VAKANTIE-HANDBOEK
BORIS BOEF
VAKANTIEPLEZIER
1 TICKETS OPHALEN
2 BAGAGE KLAARZETTEN
3 BIJ TANTE LANGSGAAN
4 TIJDEN CONTROLEREN
5 HOTEL RESERVEREN
6 BOEKING BEVESTIGEN
7 KAARTJES STUREN
8
9
10
EEN VAKANTIE UITSTIPPELEN IS MOEILIJK! ZELFS GEROUTINEERDE PLANNERS...
ALLES IS GEPLAND! WE SLAAN DE SLAG VAN DE EEUW!
...KUNNEN ER PROBLEMEN MEE HEBBEN!
SLIK! WAAR HEB IK DE AUTOSLEUTELS GELATEN?
HMPF!
BB-11

GELUKKIG BESTAAN ER VAKANTIE-DORPEN, WAAR ALLES PERFECT IS GEREGELD!
ZEI HIJ KLORIS DROEF?
IK HEET BORIS BOEF! GRMPF!
VAKANTIEDORP ZEEDIJK
WELKOM
JE WORDT UITERST BELEEFD ONTVANGEN...
OEF! ALWEER TWEE!
JIJ BENT AAN DE BEURT! GAAP!
...COMFORTABEL ONDERGEBRACHT...
FLUIT MAAR ALS U WAT WILT!
SBAM

...EN GOED INGELICHT OVER HET LEVEN IN HET DORP!
RESPECTEER DE REGELS! ELKE OVERTREDING WORDT ZEER STRENG BESTRAFT!
DORPSCHEF
DE SFEER TUSSEN DE GASTEN IS ONGEDWONGEN...
ALLES GOED, MAAT?
PATS
OEF!
...EN JE PAST JE SNEL AAN!
NIET SLECHT, MAAT!
MAALTIJDEN GAAN VOLGENS HET PRAKTISCHE BUFFETSYSTEEM...
WEG BIJ DIE MELOEN!
LAAT DAT BROODJE LOS! IK HAD 'T AL!
AU! JE BIJT IN MIJN OOR!

...EN ALLES IS GERICHT OP GEZELLIGHEID...
DOUCHE
...EN HET MAKEN VAN VRIENDEN!
DAG! IK ZIT BIJ DE POLITIE!
HA! IK WERK OOK IN DAT VAKGEBIED!
MAAR DE GROOTSTE TROEF IS HET AMUSEMENTSPROGRAMMA...
KOM, BORISJE! DEZE MAMBO NOG!
HIJG... IK KAN NIET MEER!
TJIKA-BOEM
TJIKA-BOEM
TJIKA-TJIKA BOEM
...UITGEVOERD DOOR GEWELDIGE ARTIESTEN...
KEN JE DIE VAN DIE GORILLA IN EEN BAR?
ZZZ...

...DIE JE BIJ DE LEUKSTE DINGEN BETREKKEN!
IK VERGEET ALTIJD HOE IK NU VERDER MOET!
HELP!
DUS WEES NIET VERLEGEN...
K-KARAOKE? IK KAN NIET ZINGEN!
...EN DOE RUSTIG MEE!
BEN JIJ BIJ MIJ-IJ-IJ, DAN VOEL IK ME IN DE BAJES VRIJ-IJ-IJ...
EN DAN IS ER NOG HET SPORTAANBOD...
KAN 'T NIET WAT SNELLER?
PUF!
BOM BOM
...WAT HEEL AFWISSELEND IS!
STOP MAAR! GA NU HEGGEN SNOEIEN!
HIJG!

OOK ZIJN ER NOG BEHANDELINGEN DIE JE SNEL...
AAARGH!
FSSSS
SAUNA
...WEER IN TOPVORM BRENGEN!
ZEG WAT, BORIS!

ALS JE ZOVEEL PLEZIER BELEEFT, WIL JE NIET MEER WEG!
KUNNEN WE ECHT ONTSNAPPEN ALS WE EEN TUNNEL GRAVEN?
JA! IK BEN EEN EXPERT OP DAT GEBIED!
HELAAS GAAT ELKE VAKANTIE VOORBIJ!
HOU VOL! NOG MAAR ÉÉN DAG!
EN NA EEN LANGE RUSTPERIODE...
GEEN LAWAAI MAKEN, TRUDY!
HIJG!

...IS HET FIJN OM WEER AAN HET WERK TE GAAN!
HOUD DE DIEF!
VAKANTIEDORP ZEEDIJK
WELKOM
VROEM
VOLGEND JAAR KUNNEN WE EEN CRUISE DOEN! LIJKT JE DAT WAT?
GOED IDEE, BORISJE!
ZEEDIJK
EINDE

DONALD DUCK
DE ONWELKOME GAST
HOE IS DAT MOGELIJK? HET CHICSTE HOTEL VAN DE STAD...
HEEFT U GOED GESLAPEN, MENEER?
'GOED' IS WAT OVERDREVEN!
HOTEL DUCKS
...HEEFT HEM TE GAST?!
IK ZIE VERBETER-PUNTJES! DE DETAILS STAAN IN DIT VERSLAG!
DAT ZULLEN WE GOED BESTUDEREN! U BENT IMMERS DÉ EXPERT!
I TL 3375-3

EN HIER IS DE CIJFERLIJST...
SPANNEND! MOGEN WE KIJKEN?
WAUW! EEN 10 VOOR MATRASLIGGING!
EN EEN 9 VOOR TV-POSITIONERING!
JAMMER VAN DE MINIBAR-INHOUD! DIE 4 DRUKT HET GEMIDDELDE FLINK!
EN DE ROOMSERVICE IS OOK NIET BEST!
HD
VOLG MIJN TIPS OP, DAN ZITTEN JULLIE SNEL AAN DE TOP!
BEDANKT VOOR DE TIPS, MENEER DONALD!
JULLIE BEDANKT!
DIE EEND IS GEWELDIG!
RECEPTIE
HIJ HEEFT EEN UNIEK TALENT!

WIE HAD OOIT GEDACHT DAT MIJN AANLEG VOOR RUSTEN MIJN WERK KON WORDEN? EN OOK NOG LUCRATIEF WERK!
HOTEL DU
H
VAN DIE DRIEHONDERD EURO PER KLUS KAN IK GOED LEVEN!
€€€
EN IK HEB GENOEG KLANTEN...
DAG DONALD!
IK HOORDE DAT JE ADVIEZEN GEEFT... MET REDELIJKE RESULTATEN!
JA! IK HOU ME BEZIG MET HOTELINRICHTINGEN EN DE OPTIMALISATIE VAN DE SERVICE!

MAAR DEZE ONTMOETING IS VAST NIET TOEVALLIG!
KLOPT! DE JONGENS WISTEN WAAR JE WAS!
IK HEB JE NODIG ALS COMFORTKENNER!
?!
KEN JE PLAISIR SUR MER NOG, MIJN LUXEHOTEL OP KAAP DUCK?
DAT HOTEL VOOR DE ALLERRIJKSTEN? JA, DAAR VERTELDE U OVER!
HET MOET NOG WORDEN GEOPEND!
JA, BINNEN-KORT!
WIL JIJ HET EERST INSPEC-TEREN?
GOED, IK GA WEL EVEN KIJKEN!

IK KAN ER VOLGENDE WEEK...
GA NU MAAR! IK BRENG JE WEL!
MAAR IK MOET AFSPRAKEN VERPLAATSEN!
DOE MAAR GAUW! JE OUDE OOM GAAT VOOR!
EN ZO...
PLAISIR SUR MER
GLP! SUPER-DELUXE IS TE ZWAK UITGEDRUKT!
PLAISIR SUR MER
EN? WAT VIND JE? BINNEN IS HET NOG MOOIER!

DIT IS DIMWIT, DE DIRECTEUR!
MENEER DONALD, HET IS ME EEN GENOEGEN!
AANGENAAM! IK WIL GRAAG METEEN BEGINNEN!
IK GA WEER NAAR HUIS! EN DENK EROM...
NIET NODIG! IK HEB ALLES ONDER CONTROLE!
OKÉ! HEBT U EEN STANDAARD-KAMER?
DE ROYAL SUITE! LOOPT U MEE?
DE ANDERE SUITES ZIJN HETZELFDE, ALLEEN DE ACCESSOIRES VERSCHILLEN!
GOED! IK DOE WAT VOORONDERZOEK VOOR DE EERSTE INDRUK!

"OP HET BED SPRINGEN..."
PLOF
ZOEF
BOING
BOING
BOING
"DOUCHEN..."
FSSSSSS
"OP DE BANK SLAPEN..."
ZZZ...
RONK RONK
"ZAPPEN..."
DE AANVAL GAAT OVER DE LINKERFLANK...
NU KOMT HET BELANGRIJKSTE! DE NACHTRUST VEREIST EEN DIEPGAAND ONDERZOEK!
IK HEB HET PERSONEEL INGELICHT! TOT MORGENOCHTEND WORDT U NIET GESTOORD!

WEK ME MAAR OM ACHT UUR VOOR DE ONTBIJT-ANALYSE!
ACHT UUR, GEEN PROBLEEM!
ZO PROFESSIONEEL! VAST DOOR JARENLANGE ERVARING!
DE VOLGENDE DAG...
HIER IS MIJN VERSLAG, MET DE BELANGRIJKSTE VERBETERPUNTEN!
WE GAAN METEEN AAN DE SLAG! DANKZIJ U WORDEN WE PERFECT!
DAG OOM DAGOBERT! MISSIE GESLAAGD!
BEGREPEN! WANNEER KUNNEN WE OPEN?
IK DENK OVER-MORGEN!
OPEN DE RESERVERINGEN! VOOR DE OPENING...

"...WILLEN WE HELEMAAL VOL ZITTEN!"
DE FOLDER LOOG NIET! KIJK 'NS HOE MOOI, ARCHIBALD!
PRACHTIG, BERENICE! PEPERDUUR, MAAR DAT IS 'T WAARD!
DIT BEGINT GOED! WE ZITTEN BOMVOL!
EN DAT BLIJFT HET HELE SEIZOEN ZO!
U HAD HET OVER EEN JOURNALIST...
JA, VAN HET MILJARDAIRSBLAD 'CHIC'...
...HIJ IS HIER INCOGNITO OM HET HOTEL TE RECENSEREN, MAAR IK WEET NIET WIE HET IS!
RUSTIG MAAR! WIE HET OOK IS, DE SERVICE VAN PLAISIR SUR MER ZAL HEM ZEKER BEVALLEN!
PLAISIR SUR MER

IK HOOP HET! ZIJN COLUMN WORDT... GLOEP!
BLAM BLAM
WAT WAS DAT? HET LEKEN WEL SCHOTEN!
KOM! WE GAAN KIJKEN!
DAT ZAL JE LEREN OM MOTOREN TE STELEN, BRUTALE DIEF!
IK BEN GEEN DIEF! IK WERK HIER EN WILDE HEM VOOR U PARKEREN!
WAK! STIJF-HOOFD?
WAT DOE JIJ HIER?
VAKANTIE VIEREN! WAT MOET JE ANDERS AAN ZEE?
WÁÁÁT?! BEDOEL JE DAT...
...IK HEB DE HOOFDPRIJS GEWONNEN IN DE BOERENLOTTO!

EN DIE PRIJS IS EEN WEEK VOLPENSION IN DIT KROT!
WIL JIJ VAKANTIE VIEREN IN MIJN LUXEHOTEL?! GEEN SPRAKE VAN!
GRRR! IK HEB HIER RECHT OP! HOE DURF JE?
EH... NIET RUZIE-MAKEN!
RUSTIG, OOM! WE WILLEN GEEN DRAMA'S!
RUSTIG?! DIT IS EEN REGELRECHTE RAMP!
KOM, WOESTE JOE! DAN LAAT IK JE DE OMGEVING ZIEN!
IK VREES HET ERGSTE!
WE MOETEN HEM ERUIT GOOIEN, DONALD!
DAT VALT VAST NIET MEE!

TJA... HIJ HEEFT EEN RESERVERING! WE MOETEN HEM ONTVANGEN!
TIK TIK
NEE! DIE PUMMEL JAAGT AL M'N GASTEN WEG EN MAAKT ONS TE SCHANDE!
TENZIJ HIJ... UIT EIGEN BEWEGING VERTREKT!
JA, MAAR... WAAROM ZOU HIJ?
DAT GA JIJ REGELEN!
IK?! HOE DAN?
WAT DACHT JE? JIJ WEET TOCH ALLES VAN WELZIJN EN COMFORT?
SLURP SLURP

ALS WE JOUW REGELS OMGEKEERD TOEPASSEN...
STOP MAAR! IK SNAP HET AL!
HIJ ONTVANGT ONS OOK NOOIT AARDIG!
SCHIET OP! IK GEEF JE ÉÉN DAG DE TIJD!
DAG, JONGEDAME! IK BEN STIJFHOOFD EN HEB EEN KAMER GERESERVEERD!
PLAISIR SUR MER
WELKOM, MENEER STIJFHOOFD! IK HEB SUITE 410 VOOR U!
WACHT! JE BENT NET AANGEKOMEN...
GENIET VAN DE ZEE! HET INCHECKEN KOMT STRAKS WEL!
OKÉ! IK BEN ER AL JAREN NIET GEWEEST!
ROEP EEN PAAR KRUIERS, ALSJEBLIEFT!

TEGEN DE AVOND...
DIT IS ONS HOK! MAAR... IK DACHT DAT RIJKELUI OP VAKANTIE BETER BEHANDELD WERDEN!
IK VREES HET ERGSTE VOOR HET BAD MET ONDERWATER-MASSAGE!
410
MAAR HET BED LIJKT ME HEERLIJK! YI-HAAA!
ZOEF
DE EXTRA HARDE MATRAS DOET Z'N WERK!
URGH!
410
BONK
KEIHARD... AU! IK MOET VOORZICHTIG GAAN LIGGEN!
MAAR DE BADKAMER IS SUPER! ER IS ZELFS EEN DOUCHE... EVEN TESTEN!

AARGH!
FSSSS
VERRASSING TWEE... KOUD WATER!
410
VOOR DE GAST IN 410: SOEP VAN RANZIGE RESTJES EN OUD BROOD!
UITSTEKEND! HIJ SMULT ER VAST VAN! HIHI!
410
KLOP KLOP
UW DINER, MENEER!
HOERA! EINDELIJK LEKKER ETEN!
TOT SLOT NOG WAT WARMTE VOOR DE NACHT! STIJFHOOFD KAN VAST DE THERMOSTAAT NIET BEDIENEN!
BIEP

DE VOLGENDE MORGEN...
WEET JE ZEKER DAT HIJ VERTREKT? ZO TE ZIEN HEEFT HIJ GEEN HAAST!
GEEN PANIEK! DE SERVICE WAS MINIMAAL!
ZON
EN? HEB JE 'T NAAR JE ZIN, STIJFHOOFD?
HUH? WAT DENK JE ZELF?
IK HEB HIER NIKS TE KLAGEN!
WÁÁÁT?!
M-MAAR... DAT HARDE BED, DE SOEP, DE HITTE... DAT BEVIEL JE WEL?!
JA! HET DEED ME DENKEN AAN HET PUMMELKAMP UIT M'N JEUGD!

IK VOEL ME HIER THUIS EN BLIJF!
GRRR!
ELLENDELING! WIL JE MIJ KAPOTMAKEN?
WACHT! IK WEET AL WAT!
KNIP
WE PAKKEN DIT VERKEERD AAN! IK REGEL 'T WEL!
DAT HOOP IK VOOR JE!
STIJFHOOFD IS GEWEND OM SPARTAANS TE LEVEN!
TIK TIK TIK
VOOR ZO'N SIMPELE BOER IS HET GEEN PRETJE ALS HIJ...
DATA GAST KAMER EX
2/7 STIJFHOOFD 410
3/7 SAMUEL SMIENT 330
3/7 VIOLETTA MCDUCK 150
TIK TIK
...WORDT ONDERGEDOMPELD IN EINDELOZE LUXE!

PARDON, MENEER! U VERHUIST NAAR EEN ANDERE SUITE!
JAMMER! IK VOND HET HIER PRIMA!
OH! MAAR U GAAT EROP VOORUIT, HOOR!
DAN IS HET GOED!
HM! ZE OVERDREEF NIET! DEZE INRICHTING IS PEPERDUUR!
330
MAAR BIJ ELKAAR VIND IK HET WEL ERG POENERIG STAAN!
HEB JE ALLES GEREGELD, DIMWIT?
TOT IN DE PUNTJES!
330
STIJF-HOOFD WORDT ONZE MEEST VERTROETELDE HOTELGAST!
PERFECT! VOLGENS M'N BEREKE-NINGEN...

"...ZULLEN WE MORGEN RESULTAAT BOEKEN!"
HELAAS, MENEER! WE HEBBEN NIETS WAT OP KAMER 410 LIJKT...
ALS IK M'N OUDE KAMER NIET KAN TERUGKRIJGEN, WIL IK IETS SOORTGELIJKS!
WAT IS ER? BEN JE NIET BLIJ MET JE UPGRADE?
WAT DENK JE?
"EEN SUPERZACHT BED..."
"EEN GEPARFUMEERD BAD..."
"EEN PEDICURE..."
TZING
TJAK

"OVERDREVEN VERFIJND ETEN ..."
OMELET MIGNON MET WITTE TRUFFELS UIT CERESOLE D'ALBA!
IK BEN 'T ZAT! IK WIL TERUG WAT IK HAD!
HELAAS! WE KUNNEN HET NIET MEER TERUG-DRAAIEN!
DAN VERTREK IK! KOM, WOESTE JOE!
VERGEET DE FOOI MAAR!
MIJN TRUC HEEFT GEWERKT! IK BEL OOM DAGOBERT!
LUISTER, OOM! DIE HERRIE IS DE MOTOR VAN STIJFHOOFD DIE VERTREKT!
GOED NIEUWS! IK PROOST MET BRONWATER OP HET AFGEWENDE GEVAAR!
KLANG
BRRR
SPUT

MENEER DONALD, 'T IS VRESELIJK! LEES!
DE ONLINE EDITIE VAN 'CHIC'?
ARGH! PLAISIR SUR MER WORDT AFGESLACHT!
EXTRA
CHIC
HOTELS & RESTAURANTS
DE GEVANGENIS IS NOG BETER!
'BEDDEN VAN STEEN', 'SMERIG ETEN'... MAAR DIE BEHANDELING KREEG STIJFHOOFD!
JA! NA DE VERWISSELING VAN DE SUITES BENT U VERGETEN DAT DE GAST UIT 330 IN SUITE 410 TERECHTKWAM!
HIJ WAS DE INCOGNITO RECENSENT VAN 'T BLAD!
EN NU KELDEREN DE RESERVERINGEN!
ALS MENEER DUCK DIT HOORT...
SLIK! GEEN TIJD TE VERLIEZEN!

"IK MOET M'N VEREN REDDEN!"
MAAK HET JE GEMAKKELIJK! HIER KOMT DAGOBERT JE ECHT NIET ZOEKEN!
GEMAKKELIJK? ONMOGELIJK! JOUW HUIS IS ECHT ONGASTVRIJ!
HIHI! WAT HAD JE VERWACHT VOOR ZEVEN EURO PER DAG?
ZUCHT! DEZE KAMER KAN IK ZELFS NIET COMFORTABEL MAKEN!
EINDE

Mickey Mouse
DISNEY
DE SCHAT VAN DE SCHILDPAD
OP HET STRAND VAN HET TROPISCHE EILAND SOLATIDO...
WAT EEN FIJNE VAKANTIE! HELAAS IS HET BIJNA VOORBIJ!
SMAK! EEN, TWEE, DRIE... SMAK!
STOP MET KOEKJES ETEN! ANDERS LUST JE VANAVOND HET FEESTMAAL NIET MEER!
LONG DUCK SILVER
GEEN ZORGEN! IK DOE ER OOK GYMNASTIEK BIJ!
LONG DUCK SILVER
I TL 2382-1

SMAK! EEN, TWEE, DRIE...
AU!
LONG DUCK SILVER
SMAK!
HÉ! EEN SCHILDPADJE!
DIE DACHT VAST DAT JE VINGER EEN KOEKJE WAS!
MOLLY! GELUKKIG, DAAR BEN JE!
FIJN DAT JE HAAR GEVONDEN HEBT! IK LIET HAAR EVEN ALLEEN EN ZE ONTSNAPTE!
ZIJ HEEFT ONS GEVONDEN... ONZE KOEKJES EIGENLIJK!
EN MIJN VINGER!

M'N EXCUSES! IK BRENG DEZE SMULPAAP SNEL TERUG NAAR HET HOTEL!
YUK! IK ZOU HAAR VOORTAAN BETER IN DE GATEN HOUDEN!
DIE AVOND...
WELKOM BIJ HET VOLLEMAANS-FEEST!
HOT
VANAVOND BEDANKEN WE IEDEREEN DIE ZIJN VAKANTIE DOORBRENGT OP ONS SCHITTERENDE EILAND!
VOLLE MAAN
WAT? IS DE HELE BAK MET IJS VERDWENEN?
WAT EEN HOOP MENSEN, GOOFY!
JA! GELUKKIG SERVEREN ZE WEL GROTE PORTIES! SLURP!
CARIBI COLA
IJS

KIJK! DAAR IS COMMISSARIS BONAIRE, HET HOOFD VAN DE LOKALE POLITIE EN EEN OUDE VRIEND VAN O'HARA!
HET SPIJT ME, MENEER KLINK! ZONDER BEWIJS KAN IK NIETS DOEN!
WAT IS ER AAN DE HAND? IS MOLLY WEER ONTSNAPT?
?
HALLO, MICKEY! BEGRIJP IK DAT JULLIE ELKAAR AL KENNEN?
JA, GOOFY HAD EEN ONTMOETING MET Z'N VRIENDINNETJE! HIHI!
YUK! ZE MAAKTE EEN ONUITWISBARE INDRUK!
MICKEY, DIT IS PIM KLINK... EN DIT IS MICKEY MOUSE, DE BEROEMDSTE DETECTIVE VAN DUCKSTAD!

IK MOET HELAAS WEG! TIJD OM WEER AAN HET WERK TE GAAN!
ALS JE EEN DETECTIVE BENT, KUN JE ME MISSCHIEN HELPEN! IK DENK DAT MIJN BROER BAS IN GEVAAR IS!
SLIK! WAT IS ER DAN?
HET IS INGEWIKKELD! KOM, IK VERTEL JE HET HELE VERHAAL!
EN ZO...
TOEN WE DE ZOLDER OPRUIMDEN, KWAMEN WE HET DAGBOEK VAN ONZE OVER-GROOTVADER TEGEN...
...DIE DE BEROEMDE PIRAAT ZWARTE SAM BLEEK TE ZIJN!

"HONDERD-ZESTIG JAAR GELEDEN VOER ZWARTE SAM OVER DE TROPISCHE ZEEËN AAN BOORD VAN ZIJN GEVREESDE SCHIP, 'DE SCHILDPAD'!"
BOOEMM
BOOEM
BOOEM
"HIJ BEROOFDE TIENTALLEN SCHEPEN EN HAD EEN ENORME SCHAT VERZAMELD!"
"OP EEN DAG BESLOOT ZWARTE SAM ZIJN LEVEN TE BETEREN EN HET GESTOLEN GOUD TERUG TE GEVEN AAN DE BEVOLKING..."
"NIEMAND KON HEM TE PAKKEN KRIJGEN, WANT HIJ WIST ALTIJD TE VLUCHTEN NAAR ZIJN LEGENDARISCHE SCHUILPLAATS, DE SCHEDELROTS!"

"...MAAR HELAAS HAD HIJ ER GEEN TIJD VOOR! TERWIJL HIJ VERMOMD DOOR DE HAVEN VAN DOREMI LIEP, WERD HIJ VERRADEN DOOR Z'N RIVAAL, DE PIRAAT CORNELIS KRAAI!"
"HIJ KON ONTSNAPPEN, MAAR KWAM NOOIT MEER TERUG NAAR HET EILAND!"
PANG PANG PANG
HM... DAT IS EEN INTERESSANT VERHAAL! MAAR WAT HEEFT JE BROER ERMEE TE MAKEN?
BAS WILDE DE WENS VAN ONZE OVERGROOTVADER RESPECTEREN EN GING OP ZOEK NAAR HET GOUD OM HET AAN DE EILAND-BEWONERS TE GEVEN!
VOLGENS HEM VERBERGT DEZE ZIN IN HET DAGBOEK HET GEHEIM OM DE SCHAT TE VINDEN!
Door de nevelige barrière, volg de schildpad, de sleutel tot de schat...
HIJ ZOCHT VORIGE WEEK RADIO-CONTACT VANAF BOEKANIERSEILAND! DAARNA HEB IK NIETS MEER VAN 'M GEHOORD!

WIL JE DAT WIJ MEEGAAN OM HEM TE ZOEKEN?
PRECIES! WAT DENK JE ERVAN?
TJA, HET IS EEN GOEDE KANS OM ONZE VAKANTIE NOG WAT TE VERLENGEN!
YUK! WE DOEN HET!
DE VOLGENDE DAG...
WE ZIJN ER! DAT DAAR IS BOEKANIERSEILAND!
SMAK! WIL ER NOG IEMAND EEN KOEKJE? AU!
MOLLY? WAT DOE JIJ HIER?

IK KON HAAR NIET ACHTERLATEN! DIT SCHILDPADJE IS AL GENERATIES DE MASCOTTE VAN ONZE FAMILIE... ZWARTE SAM HEEFT HAAR ZELF AFGERICHT!
AU! MISSCHIEN HEEFT ZE INMIDDELS EEN BRIL NODIG... ZE BLIJFT MIJN VINGER AANZIEN VOOR EEN KOEKJE!
KIJK! ER KOMT EEN MISTBANK OPZETTEN VANAF DE ZEE!
WE MOETEN METEEN LANDEN!
KA-BONK
YUK! IK DENK NIET DAT IK MIJN ZONNEBRIL EN ZONNEBRANDCRÈME HIER NODIG HEB!

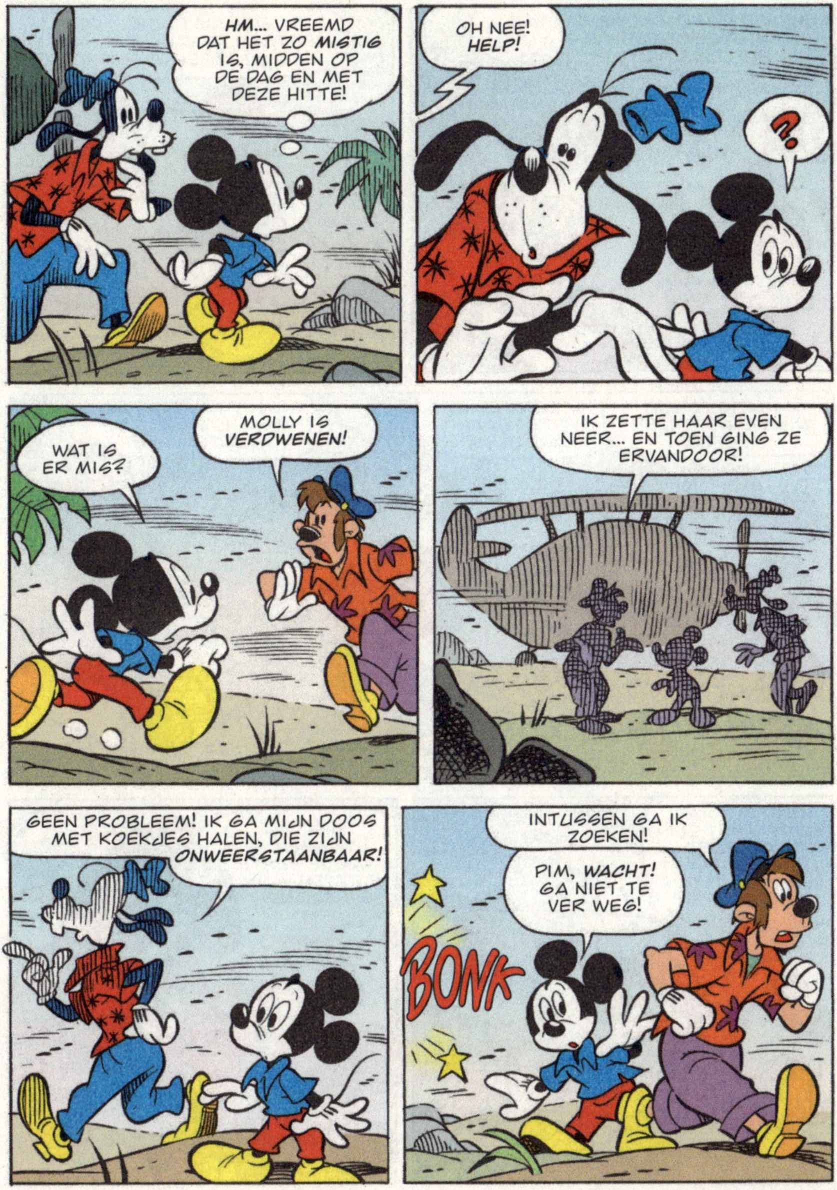
HM... VREEMD DAT HET ZO MISTIG IS, MIDDEN OP DE DAG EN MET DEZE HITTE!
OH NEE! HELP!
?
WAT IS ER MIS?
MOLLY IS VERDWENEN!
IK ZETTE HAAR EVEN NEER... EN TOEN GING ZE ERVANDOOR!
GEEN PROBLEEM! IK GA MIJN DOOS MET KOEKJES HALEN, DIE ZIJN ONWEERSTAANBAAR!
INTUSSEN GA IK ZOEKEN!
PIM, WACHT! GA NIET TE VER WEG!
BONK

MICKEY! K-KOM KIJKEN! IK HEB IEMAND GEVONDEN... M-MAAR HIJ LIJKT NIET OP MOLLY!
DIT WAS NIET HOE IK DE REST VAN DE VAKANTIE HAD VOORGESTELD!
HAHA! KIJK NOU WIE WE GEVONDEN HEBBEN!
TOERISTEN OP ZOEK NAAR AVONTUUR!
NOU, DAN STAAT ZE HIER NOG WAT TE WACHTEN! HIHI!
RUSTIG MAAR, GOOFY! HET ZIJN VAST ACTEURS DIE ZICH ALS PIRAAT VERKLEDEN VOOR DE TOERISTEN!
MIS! WIJ STAMMEN AF VAN DE ECHTE PIRATEN VAN DIT EILAND!

WE BEROVEN GEEN SCHEPEN MEER, MAAR ER ZIJN ZAT MANIEREN OM TOERISTEN TE BESTELEN!
ZOALS MET EEN VERPLICHTE ROND-LEIDING! DE DEELNAME KOST MAAR...
...DUIZEND EURO! HIHI!
DAT IS DIEFSTAL!
TUURLIJK! WE ZIJN TENSLOTTE PIRATEN!
HIHI!
HAHA!
HEEELP! IK WORD AANGEVALLEN DOOR EEN WILD BEEST!
MOLLY! DAAR ZIT JE DUS! GAAT HET WEL?

HÉ! JIJ BENT BAS KLINK! WAT DOE JE HIER? HEB JE DE SCHAT GEVONDEN?
EH... EIGENLIJK BEN IK ZIJN BROER PIM!
WAUW! JULLIE LIJKEN OP ELKAAR...
...ALS TWEE DRUPPELS ZEEWATER! HIHI!
BAS IS VERDWENEN! MICKEY EN GOOFY HELPEN ME BIJ HET ZOEKEN!
DAT VERANDERT ALLES! VRIENDEN VAN ZWARTE SAMS NAZATEN ZIJN ONZE VRIENDEN!
YUK! MIJN OVER-OVER-GROOTOOM WAS ANDERS OOK EEN PIRAAT!
WAUW! DAN HOOR JE ER HELEMAAL BIJ!

HOE KAN IK JULLIE HELPEN?
VERTEL ONS WAT BAS PRECIES OP JULLIE EILAND HEEFT GEDAAN!
HIJ HEEFT ALLE **VERHALEN** OVER ZWARTE SAM AANGEHOORD...
...EN TOEN VERTROK HIJ MET EEN BOOT EN EEN KLEINE BEMANNING! HIJ ZEI DAT HIJ WIST HOE HIJ BIJ DE SCHAT KON KOMEN!
HELAAS VERTROK HIJ PRECIES TOEN DE ***MIST*** OPKWAM EN IK KON HEM NIET OVERTUIGEN OM TE WACHTEN!
ONDANKS DAT HIJ VAN ZWARTE SAM AFSTAMT, ZOU HIJ DE ***'SPOOKNEVEL'*** NIET MOETEN TROTSEREN!

HM... HET IS ECHT EEN VREEMD FENOMEEN! IK WIL ER GRAAG MEER OVER HOREN!
DAT KAN!
BANK
LATEN WE EERST DE TAVEERNE IN GAAN! BUITEN BLIJVEN IS GEVAARLIJK!
EN ZO, WAT LATER...
AL EEUWENLANG WORDT HET EILAND DRIE KEER PER DAG, OP VASTE TIJDEN, GEHULD IN EEN DICHTE MIST!
TAVEERNE DE BLIJE PAPEGAAI
VOLGENS DE LEGENDE RIEP ZWARTE SAM DE MIST OP OM DE ROUTE VAN Z'N SCHIP, 'DE SCHILDPAD', NAAR DE SCHEDELROTS TE VERBERGEN!

"EENS LUKTE HET EEN SCHIP VOL SOLDATEN OM HEM TE VOLGEN TOT IN ZIJN SCHUILPLAATS..."
"...MAAR TOEN ZE AANKWAMEN, WAS HET SCHIP VERLATEN! DE GROT HAD GEEN ANDERE UITGANG, MAAR TOCH WAREN DE PIRATEN EN DE BUIT VERDWENEN..."
"...ALSOF ZE OPGELOST WAREN IN DE MIST!"
ALLEEN ZWARTE SAM KON DE MIST NAAR ZIJN HAND ZETTEN!

DAT IS GEEN ORIGINEEL TRUCJE! IK HEB 'T IN VEEL FILMS GEZIEN!
JA, MAAR DAT IS EEN KUNSTJE VAN DE FILMMAKERS! IN DIT GEVAL...
WACHT 'NS! WAT STOND ER PRECIES IN HET DAGBOEK, PIM?
SBAM
"DOOR DE NEVELIGE BARRIÈRE, VOLG DE SCHILDPAD, DE SLEUTEL TOT DE SCHAT!"
ALS DAARMEE DE MIST WORDT BEDOELD...
...BETEKENT HET DAT WIJ, OM BIJ DE SCHAT TE KOMEN, DE ROUTE VAN HET SCHIP 'DE SCHILDPAD' MOETEN VOLGEN DOOR DE NEVEL!
WAARSCHIJNLIJK IS ALLEEN OP DIE MOMENTEN EEN GEHEIME DOORGANG TE ZIEN!

TOT DIE CONCLUSIE IS BAS VAST OOK GEKOMEN!
DAAROM IS HIJ JUIST TIJDENS DE MIST UITGEVAREN!
DE NEVEL LOST NU OP! ALS HET WEER GAAT MISTEN, ZETTEN WE KOERS NAAR DE SCHEDELROTS!
NATUURLIJK HEBBEN WE WEL EEN SCHIP NODIG!
HIHI! ER ZULLEN MAAR WEINIG PIRATEN BEREID ZIJN OM UIT TE VAREN IN DE SPOOKNEVEL!
GELUKKIG HECHTEN MIJN BEMANNING EN IK GEEN WAARDE AAN STOMPZINNIG BIJGELOOF!

MOOI! DAN ZIEN WE ELKAAR OVER TWEE UUR IN DE HAVEN, MENEER...
KEVIN! PIRAAT KEVIN!
EN ZO GAAT DE REIS VERDER, MAAR HELAAS IS DE ZEE NIET BEPAALD KALM...
DAT IS DAN AFGESPROKEN, HÈ, KLINK?
TUF TUF
TUF
ALS WE OP ZOEK NAAR JE BROER TOEVALLIG DE SCHAT TEGENKOMEN, GAAT EEN DEEL ERVAN NAAR MIJ!
TUF
TUF
TSK! ZEEZIEK NA EEN PAAR MINIGOLFJES... JULLIE ZIJN ECHT EEN STELLETJE LANDROTTEN!
KIJK TOCH NAAR JE VRIEND! HIJ STAMT DUIDELIJK VAN ZEEVAARDERS AF!
OP NAAR DE SCHAT! HIJS DE ZEILEN!
VRRR

MIST IN AANTOCHT!
TOCH ZULLEN WE ERDOORHEEN MOETEN!
TUF
BRRR... JE ZIET WEINIG MEER!
TUF
TUF
TUF
STUURMAN! PAS OP VOOR DE ROTSEN!
SPLATS
KIJK DAAR! EEN GROT!
GROOT GENOEG VOOR EEN SCHIP! KOM, WE GAAN NAAR BINNEN!

WAUW! DE GEHEIME SCHUILPLAATS VAN ZWARTE SAM!
HM... HOE LUKTE HET HEM OM AAN DIE SOLDATEN TE ONTSNAPPEN? HET LOOPT HIER DOOD!
TUF TUF
MISSCHIEN KON HIJ VLIEGEN! HIHI!
KIJK LIEVER NAAR BENEDEN! ANDERS VAL JE NOG IN DIT ENORME GAT!
HÉ! ER ZIJN TREDEN UITGEHOUWEN IN DE ROTS!
GEWELDIG, GOOFY! JE HEBT DE GEHEIME GANG GEVONDEN!
KOM, WE GAAN KIJKEN!

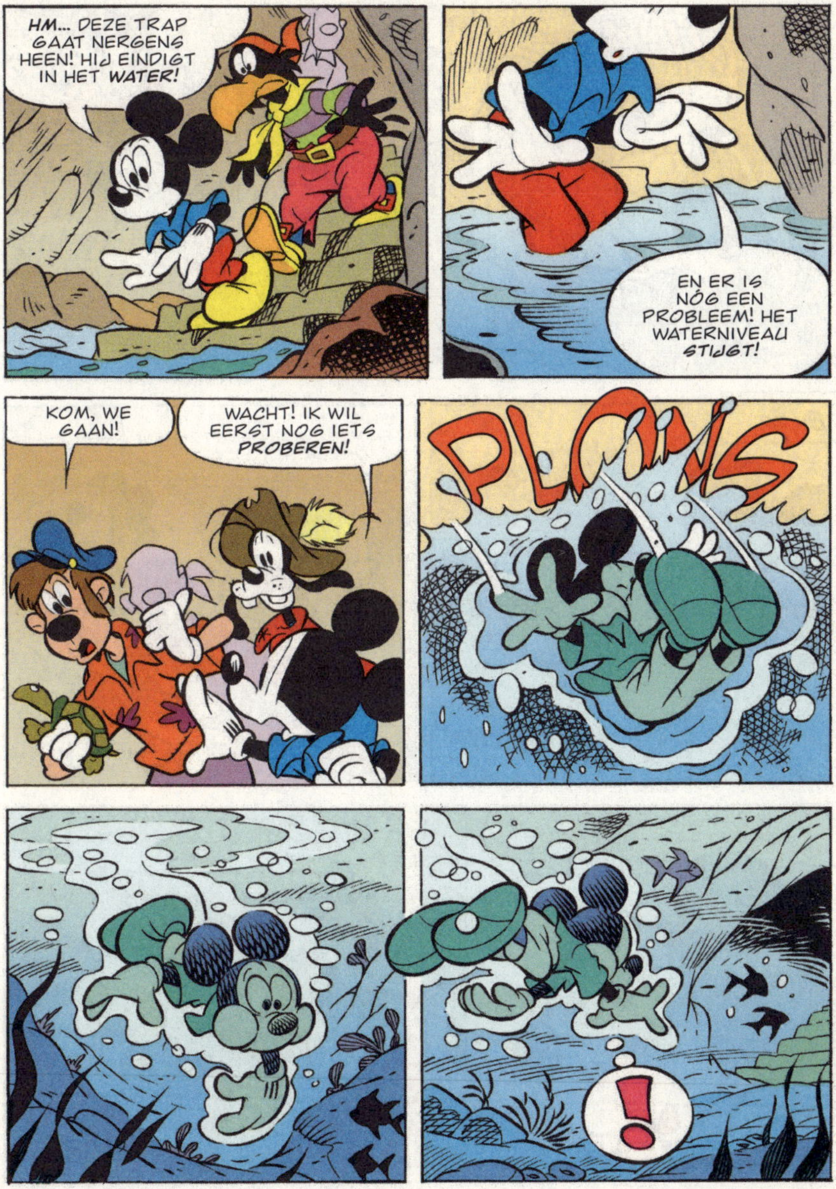
HM... DEZE TRAP GAAT NERGENS HEEN! HIJ EINDIGT IN HET WATER!
EN ER IS NÓG EEN PROBLEEM! HET WATERNIVEAU STIJGT!
KOM, WE GAAN!
WACHT! IK WIL EERST NOG IETS PROBEREN!
PLONS
!

SPLATS
VOLG MIJ! ER IS HIER EEN TUNNEL MET EEN TRAP DIE NAAR BOVEN LEIDT!
EN ZO...
ONGELOOFLIJK! ER LIGT EEN HEEL GANGENSTELSEL ONDER HET EILAND!
WE HEBBEN DE ECHTE SCHUILPLAATS VAN ZWARTE SAM ONTDEKT!
DAT IS ZO, MAAR WE MOETEN DE SCHAT... EH... JE BROER NOG VINDEN!

KIJK 'NS WAT EEN HOOP SCHILDPADDEN, MOLLY! MISSCHIEN KEN JE ZE!
JE MAG MET JE VRIENDJES SPELEN, MAAR NIET WEGLOPEN, HOOR!
OH NEE! ALWEER!
IK MOET HAAR TERUGHALEN VOOR ZE WEER VERDWAALD!
GRMBL! IK KWAM HIER VOOR BAS KLINK EN DE SCHAT... NIET OM EEN STOMME SCHILDPAD TE VOLGEN!

WACHT EENS! ZEI JE... SCHILDPAD VOLGEN?
NATUURLIJK! HOE KON IK DAT OVER HET HOOFD ZIEN?
ZWARTE SAM WIL DAT WE DE SCHILDPAD VOLGEN, MAAR HIJ BEDOELDE NIET ZIJN SCHIP...
...MAAR MOLLY, ZIJN HUISDIER!
HIJ HEEFT HAAR PERSOONLIJK AFGERICHT EN HAAR VAST DE JUISTE ROUTE DOOR DE GROT-TEN GELEERD!
DUS ALS WE MOLLY VOLGEN, VINDEN WE DE WEG NAAR...

...DE SCHAT VAN ZWARTE SAM!
WAUW!
YUK! WAT GLANST DAT MOOI! KOMT MIJN ZONNEBRIL GELUKKIG TOCH NOG VAN PAS!
HÉ! IS DAAR IEMAND?

BRRR... GEESTEN!
SLIK! DIE BEWAKEN DE SCHAT!
HELP ONS ALSJEBLIEFT!
IK HEB NOG NOOIT EEN GEEST GEHOORD DIE OM HULP VROEG!
MISSCHIEN IS Z'N LAKEN GESCHEURD!
HELP ONS!
HÉ! MAAR DAT IS...
BAS!
HOI BROERTJE! WAT DOE JIJ NOU HIERBENEDEN?
TOEN IK NIETS MEER VAN JE HOORDE, BEN IK JE KOMEN ZOEKEN!

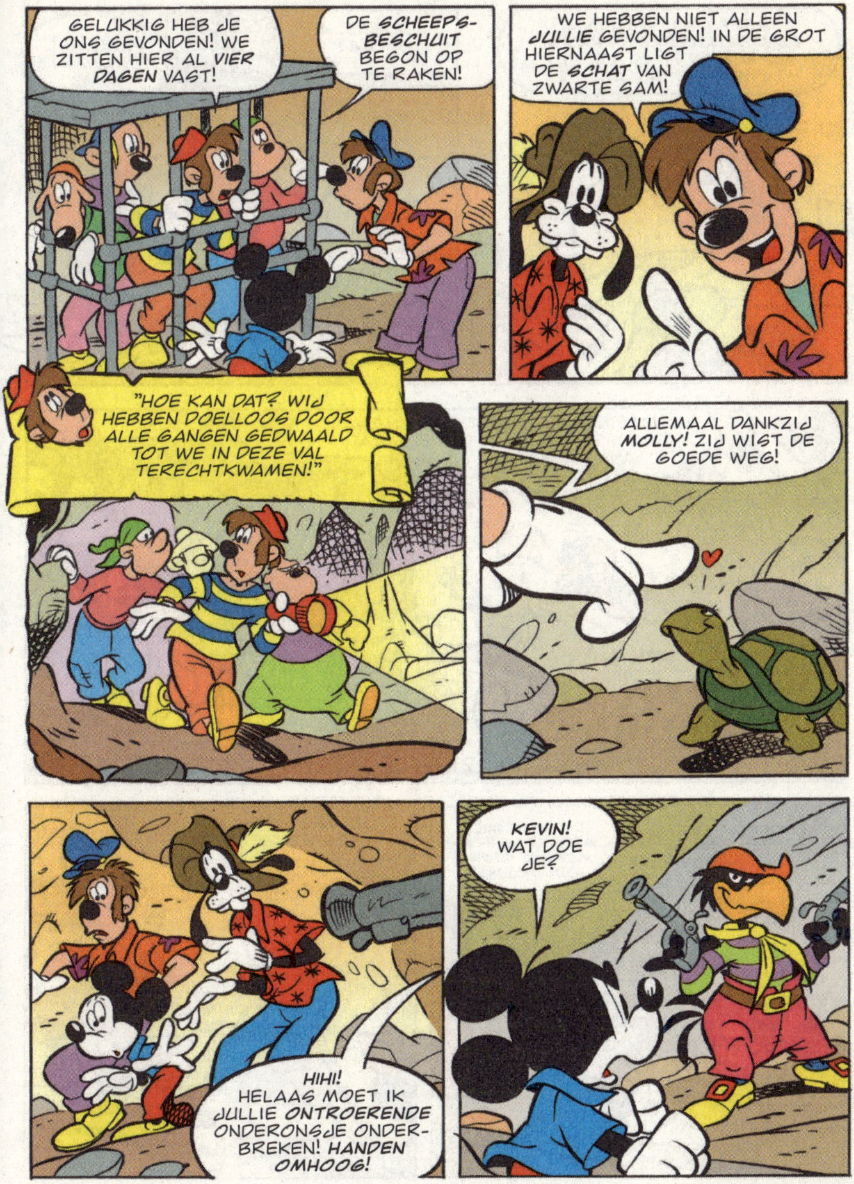
GELUKKIG HEB JE ONS GEVONDEN! WE ZITTEN HIER AL VIER DAGEN VAST!
DE SCHEEPS-BESCHUIT BEGON OP TE RAKEN!
WE HEBBEN NIET ALLEEN JULLIE GEVONDEN! IN DE GROT HIERNAAST LIGT DE SCHAT VAN ZWARTE SAM!
"HOE KAN DAT? WIJ HEBBEN DOELLOOS DOOR ALLE GANGEN GEDWAALD TOT WE IN DEZE VAL TERECHTKWAMEN!"
ALLEMAAL DANKZIJ MOLLY! ZIJ WIST DE GOEDE WEG!
HIHI! HELAAS MOET IK JULLIE ONTROERENDE ONDERONSJE ONDER-BREKEN! HANDEN OMHOOG!
KEVIN! WAT DOE JE?

GEBRUIK LIEVER M'N ECHTE NAAM! KEVIN KRAAI, AFSTAMMELING VAN DE GROTE PIRAAT...
...CORNELIS KRAAI!
DE RIVAAL VAN ZWARTE SAM!
HAHA! EINDELIJK KOMT DE WENS VAN MIJN VOORVADER UIT... DE SCHAT VAN SAM KLINK STELEN!
PSST... GEEF ME EEN KOEKJE, GOOFY!
DIT LIJKT ME GEEN GESCHIKT MOMENT VOOR EEN SNACK!
NOU, WEL VOOR MOLLY! PAK 'M, KLEINTJE!

AU!
KRUNSJ
PIM! GOOFY! PAK ZE!
BAF
ZWOK
EN ZO ZIJN DE ROLLEN ALGAUW OMGEDRAAID...
BEDANKT, HOOR! JE HEBT DE SCHAT VAN ONZE VOOROUDER GERED!
YUK! DANKZIJ MIJN KOEKJES!
OVER DE SCHAT GESPROKEN, WIL JE 'M ZIEN?
GRAAG!

WAUW! PRACHTIG!
ER IS ZELFS EEN MASSIEF GOUDEN ZWAARD!
STOP! RAAK NIETS MEER AAN!
HUH?
WAT IS ER MIS?
KIJK! DE SCHAT STAAT OP EEN STENEN PLATFORM, VERBONDEN MET EEN TWEEDE PLATFORM!
TOEN JE HET ZWAARD AANRAAKTE, ZAG IK DEZE KETTINGEN BEWEGEN!

HET IS EEN VAL!
JA! OM DE SCHAT TE PAKKEN ZONDER DE VAL TE ACTIVEREN, MOETEN WE IETS OP 'T ANDERE PLATFORM ZETTEN DAT ALLES IN BALANS HOUDT!
HET PROBLEEM IS... WAT?!
HM... SAM SCHREEF "VOLG DE SCHILDPAD, DE SLEUTEL TOT DE SCHAT"!
ALS MOLLY DE SLEUTEL IS...
...IS ZIJ MISSCHIEN HET GEWICHT DAT WE ZOEKEN!
HOPELIJK HEEFT ZE NIET TE VEEL KOEKJES GEGETEN!
KLAK
TJAK

HOERA! HET PLATFORM MET DE SCHAT KOMT HIERHEEN!
VRRR
BEDANKT, KLINK! ZO HOEF IK ZELF DE VALSTRIK VAN JE OVERGROOTVADER NIET ONSCHADELIJK TE MAKEN!
SWISJ
PAS OP, PIM!
TONK
IK BEN JOU SPUUGZAT!
IK ZAL JE LEREN OM JE NIET TE BEMOEIEN MET... AU!
TONK
OH NEE! HET PLATFORM!
BONK

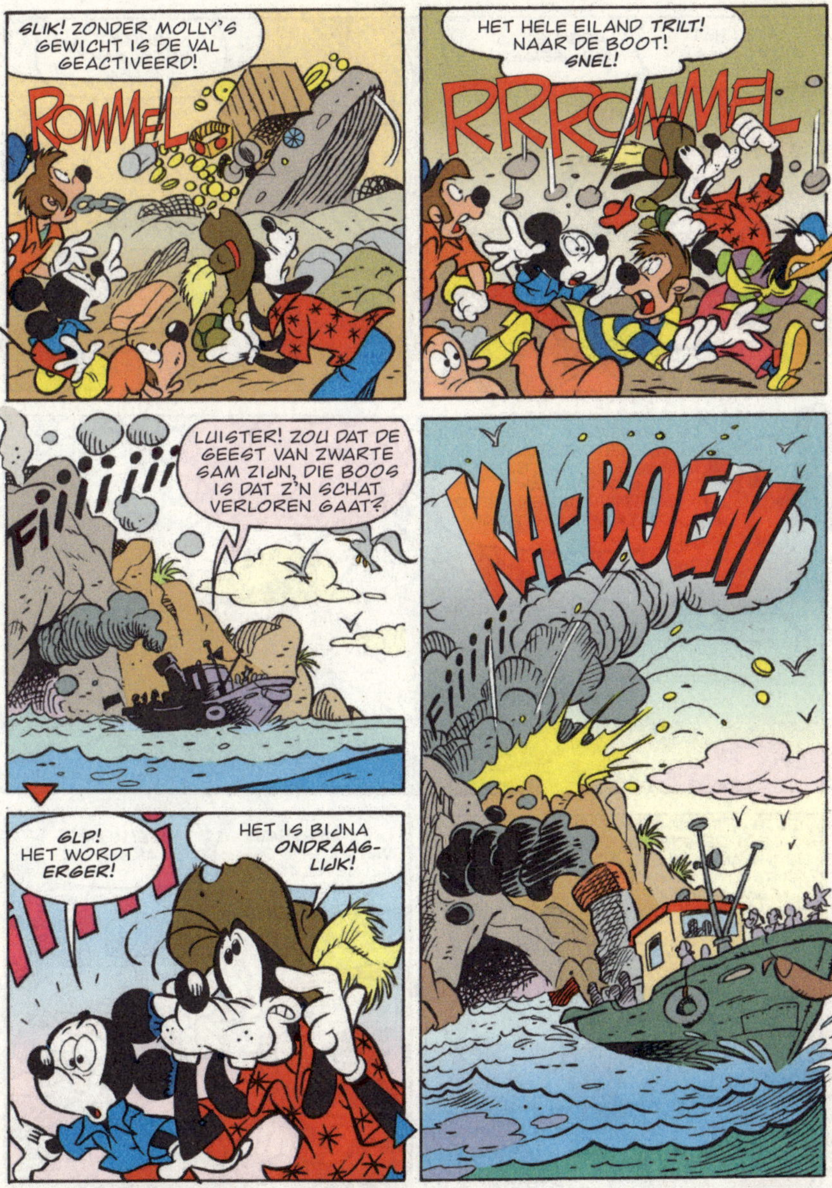
SLIK! ZONDER MOLLY'S GEWICHT IS DE VAL GEACTIVEERD!
ROMMEL
HET HELE EILAND TRILT! NAAR DE BOOT! SNEL!
RRROMMEL
LUISTER! ZOU DAT DE GEEST VAN ZWARTE SAM ZIJN, DIE BOOS IS DAT Z'N SCHAT VERLOREN GAAT?
KA-BOEM
GLP! HET WORDT ERGER!
HET IS BIJNA ONDRAAG-LIJK!

SLIK! HET EILAND IS EEN VULKAAN!
NEE! HET IS EEN GEISER!
OH! DAT VERKLAART ALLES!
DE GEISER LIET 'T WATER IN DE TUNNEL VERDAMPEN EN VORMDE DE MISTBANKEN! DAARDOOR ZAKTE 'T WATERNIVEAU EN WERD DE TRAP ZICHTBAAR!
EN ALS 'T WATER WEER STEEG, VERBORG 'T DE STENEN TRAP VOOR WIE DE INGANG ZOCHT, ZOALS DE SOLDATEN DIE ZWARTE SAM ACHTERVOLGDEN!
HET MYSTERIE VAN DE SPOOKNEVEL IS OPGELOST!
HÉ! KIJK DAARBOVEN!

DE SCHAT IS VAST IN DE TUNNEL GEVALLEN EN DANKZIJ DE **DRUK** VAN DE GEISER...
...WORDT HIJ OVER DE **EILANDEN** GESTROOID!
ZO KOMEN HET GOUD EN DE JUWELEN TÓCH BIJ HUN **EIGENAREN** TERUG!
ZWARTE SAM ZOU TEVREDEN ZIJN! ZO IS Z'N LAATSTE WENS **ALSNOG** UITGEKOMEN!
Einde

DIEDERIK EN DONALD
VAKANTIE IN DE BERGEN
ITL 2229-02
DIEDERIK HIER! HEB JE ZIN OM IN DE VAKANTIE MET EEN TENT EN EEN RUGZAK DOOR DE BERGEN TE TREKKEN?
NEE! VEEL TE VERMOEIEND!
BIEP
MET KATRIEN! JE ZOU MIJN PLAFOND IN DE VAKANTIE WITTEN! KOMT ER NOG WAT VAN?
BIEP
BIEP
NEEF, VERGEET NIET DAT JE MORGEN JE SCHULD MOET AFLOSSEN! ALS JE PLATZAK BENT, HEB IK HIER WERK VOOR JE!
BIEP
OOM, DENK ERAAN DAT WE U OP DE KAMPEERPLEK VERWACHTEN VOOR DE 'OOMS EN NEVEN'-WEDSTRIJDEN! U MOET HARDLOPEN!
BIEP
IK HEB EEN MOOIE TOCHT VOOR EEN WEEK!
ÉÉN WEEK? MAAK ER MAAR TWEE VAN!
313
EINDE

Drie vriendinnen aan het strand
HIJG! PUF! WE ZIJN EINDELIJK KLAAR!
HET WAS ZWAAR WERK, MAAR NU IS HET STRAND BRANDSCHOON!
I TL 3372-3
ALLES IS KLAAR VOOR DE BAD-GASTEN!
ZON & ZEE
JA! ONZE STRANDTENT KAN NU BIJNA OPEN!

IK WAS ZO BLIJ TOEN JULLIE VROEGEN OF IK WILDE HELPEN! NOG BEDANKT!
GELUKKIG WAS JE VRIJ, EUGENIA!
TJA, IK HAD NOG HEEL VEEL VAKANTIEDAGEN OVER...
"...EN DE BAAS WILDE ZE NIET UITBETALEN, DUS MOCHT IK ZE ALLEMAAL OPNEMEN!"
ARGH! V-VERDWIJN!
WE HEBBEN WEL EEN PROBLEEM, MEIDEN! ONZE STRANDSPULLEN ZIJN NIET VEEL SOEPS!
EN DE ANDERE STRANDTENTEN HEBBEN...

"...EEN HEEL ARSENAAL AAN LEUKE ACTIVITEITEN!"
BEACH CLUB
ZAND-ROEIEN
STRAND-CURLING
ZAND-FIETSEN
STRAND-WAGENS
ZAND-KASTELEN
JEU DE BOULES
HOU HET STRAND SCHOON
HOTEL KM
WE MOETEN ONZE SPULLEN WAT VERRIJKEN!
MOMPEL... VERRIJKEN?!
ZULLEN WE DAGOBERTJE VRAGEN OF HIJ IN ONS WIL INVESTEREN?
OOM DAGOBERT? ZOU HIJ DAT DOEN?
PROBEREN KAN ALTIJD! WE VRAGEN HET HEEL BELEEFD EN DAN ZIEN WE WEL...

NEE!
SBAM
HEEL TELEURSTELLEND DIT, JUFFROUW EUGENIA! U WEET DAT HET PAKHUIS VERBODEN TERREIN IS VOOR DIE LASTIGE DWEEPSTER...
!!!
...EN VOOR ALLE ANDERE BEDELAARS DIE AANKLOPPEN!
MAAR, BAAS...
GRMPF! JULLIE ZIJN HIER ALLEEN OMDAT DIE LUIE BUTLER DAAR NIET HEEFT INGEGREPEN!
MIJN TIJD IS GELD EN IK WIL GEEN SECONDE VERSPILLEN!
OEF!
STOP! WIJ HEBBEN EEN ZAKELIJK VOORSTEL! U MOET ECHT LUISTEREN!
GLP!

GOED DAN! JULLIE KRIJGEN *DRIE 'PLINGS'*!
'PLINGS'?!
UIT HET PAKHUISJE HIERBOVEN VALT EEN MUNTJE DAT DEZE LANGE *'INVESTERINGSWEG'* VOLGT EN TEN SLOTTE...
GELD OPENT ALLE DEUREN
...IN DIT *SPAARVARKENTJE* VALT! EN NA DE *'PLING'* VERTREKT HET VOLGENDE MUNTJE WEER!
OKÉ! WE BEGINNEN! IK *LUISTER!*
KLIK
WE GAAN BINNENKORT EEN *STRANDTENT* OPENEN EN HEBBEN *GELD* NODIG OM GOEDE STRANDSPULLEN VOOR DE BADGASTEN TE KOPEN!
FRRR...

WAT ZEGT U ERVAN, BAAS?
ONZIN! DIE ZANDBAK VAN JULLIE TREKT ALLEEN KRABBEN AAN!
ZOEF
PLING
KLIK
JULLIE KUNNEN NOOIT TEGEN DE GROTE STRANDTENTEN OP! ZELFS ALS IK JULLIE ÉÉN EURO GEEF...
ZOEF
TOK
MAAR...
...DRAAI IK NOG VERLIES!
OKÉ! IK BEN ERUIT! INVESTERING GEWEIGERD!
KLIK
PLING
GRMPF! JOUW HART IS KOUDER DAN IJS!
DENK WAT JE WILT!
GELD GROEIT NIET OP JE RUG
PLING
M'N GEDULD IS OP... EN DE TIJD OOK!
AAAH!
SWISJ
KLAP

KLIK
AU!
BOING
BZZZ...
GRRR! DEZE KEER GAAT HIJ ECHT TE VER!
ACH, WE HEBBEN HET GEPROBEERD...
...MAAR WE GEVEN NIET OP!
WE STEKEN AL ONS SPAARGELD IN DIE STRANDTENT! MET VEEL MOEITE EN TIJD KOMEN WE ER OOK!
GOED ZO, KATRIEN!
VROEM
SMEER 'M!

"WE HELPEN ALLEMAAL MEE!"
ALS U TWEE WEKEN BLIJFT, KRIJGT U 10% KORTING!
INTERES-SANT!
GRATIS ROMANTISCHE DRANKJES VOOR ALLE STELLETJES!
WAUW!
HIER KUN JE STAAN! DOE MIJ MAAR NA, DAN WORDT HET LEUK!
SUPER!
DOUCHE
ZWEM SCHOOL
NEEM LES VAN JUF KATRIEN

MAAR...
HELAAS! HET LEVERT NIET GENOEG OP!
SNACKS
WE KOMEN NIET EENS UIT DE KOSTEN!
JA! WE HEBBEN VIJFTIG EURO VERLIES GEDRAAID!
EN WE VOELEN ONS DE LAATSTE TIJD OOK NOG BESPIED!
LATEN WE GOED OPLETTEN OF DAT ECHT ZO IS!
HOU DE MOED ERIN! "VOLHARDING IS DE POORT NAAR SUCCES!"
GOED CITAAT! HOE KOM JE ERAAN?
HIHI! DAT VOND IK IN EEN GELUKSKOEKJE!
FRIS
FRUIT
COLA
IJS

MAAR DE VOLGENDE DAGEN...
MOMPEL...
FRIET
& KETCHUP
OEI! HIJ GAAT LOS!
KLUNK
NEE HÈ! IN DE KNOOP EN KLETSNAT!
WAK! KIJK NOU! HIJ IS HELEMAAL GEDEMONTEERD!
GLOEP! H-HOE KAN DAT? DE VRIESKIST STAAT UIT!
KOKOS & BANAAN
MEIDEN, IEMAND SABOTEERT ONS! WE MOETEN IETS DOEN...
...EN SNEL OOK! DE KLANTEN WACHTEN!

GRMPF! DIE VERVELENDE KIPPETJES BLIJVEN ONS IN DE WEG LOPEN!
EN ONZE 'GEINTJES' HOUDEN ZE NIET TEGEN!
WAREN ER MAAR NIET ZO VEEL BADGASTEN!
INDER... SMAK... DAAD!
ZE MOETEN DAAR WEG! DAN KUNNEN WIJ DE SCHAT PAKKEN VAN...
"...PIRAAT WITBAARD!"
"TOEN HIJ HEM EEUWEN GELEDEN IN DE DUINEN BEGROEF, WAS HET STRAND VEEL BREDER! NU LIGT HIJ ONDER WATER!"

WE MOETEN DE GASTEN WEGPESTEN EN DE SCHAT OPHALEN!
JA! OP... SMAK... HALEN!
STOP MET ETEN! IK WORD GEK VAN JOU!
HM... ER MOET HARD INGEGREPEN WORDEN!
BONK
IDEE! IK WEET AL WAT!
TOP! VIEREN WE HET MET EEN IJSJE?
BAF
SWISJ
'NEE' WAS GENOEG!
DE VOLGENDE MORGEN...
DAT WORDT WEER 'N DAG HARD WERKEN!
HET IS NOG VROEG! NIEMAND OP HET STRAND!

MIS POES! WIJ ZIJN ER!
WAK!
IJS
WAT MOETEN JULLIE, TUIG?
RUSTIG MAAR! WE HEBBEN GOEDE BE-DOELINGEN!
JULLIE HEBBEN HARD GEWERKT, DUS NU...
HOE DURVEN JULLIE?
...MOGEN JULLIE HEEL LANG UITRUSTEN!
176-716
HIHI! SLURP!
SNEL, JONGENS! NU MOETEN WE DE BADGASTEN WEGSTUREN!
FANDAAG GEZLOTE
BAM
BAM

FANDAAG GEZLOTE
WAT STAAT DAAR?
KUN JE NIET LEZEN?
SORRY, MAAR WE HOUDEN VANDAAG EEN KRABBEN-TELLING!
GRMPF! DAAR TRAP IK NIET IN!
OH NEE? DAN TRAP IK JOU ERUIT!
BAF
OPSCHIETEN! DE SCHAT WACHT OP ONS!
DAARHEEN!

DAAR! DAAR!
DE SCHAT VAN PIRAAT WITBAARD!
DIE KIST IS LOODZWAAR! VAST DOOR AL HET GOUD!
SPLATS
PLONS
OOOH! HELEMAAL VAN ONS!
VAN MIJN DEEL KOOP IK EEN IJSSALON! NEE, DRIE!
KATA-BONK
AAAH!

JULLIE GAAN NIKS KOPEN, SCHURKEN!
DE KNOPEN WAREN NIET STEVIG GENOEG!
ARGH! W-WAT DOEN ZIJ HIER?
AANVALLEN, MEIDEN! WE GEVEN ZE HUN VERDIENDE LOON!
BLIJF STAAN, STELLETJE LASTPAKKEN!
176-671
176-716
BLIJF ZELF STAAN!
DAGOBERT DUCK?

DAGOBERTJE! KOM JE JE LIEFJE REDDEN?
176-167
176-716
176-671
GRMPF! BAZEL NIET ZO!
DIE BOEVEN BLEVEN TE LANG WEG BIJ HET PAKHUIS! DAT WAS VERDACHT...
...EN OMDAT IK BANG WAS VOOR EEN PLOTSELINGE AANVAL HEB IK ZE LATEN SCHADUWEN!
NA-APER! DAT DOEN WIJ OOK ALTIJD!
HOU HET STRAND SCHOON
"BERTUS WAS GOED BEZIG EN LUISTERDE AL HUN PLANNEN AF!"
DRINK BURP
WE HEBBEN GEWACHT TOT ZE DE SCHAT HADDEN OPGEVIST, DIE VAN DE STAAT IS! DAT SCHEELDE WEER BERGINGSKOSTEN!
ZUURSTOF

JULLIE HEBBEN ONS NAAR DE BOEVEN EN DE SCHAT GELEID! DAT IS EEN BELONING WAARD!
GEWELDIG!
WE VERDELEN HEM EERLIJK EN...
HELEMAAL NIET!
VREKKENKONING! WIL JE ALLES ZELF HOUDEN?
TSK!
TOEN JIJ IN HET PAKHUIS ZEI DAT IK EEN IJSKOUD HART HAD, MOEST IK DENKEN...
...
"...AAN MIJN JEUGD IN HET KOUDE KLONDIKE!"

"IK WILDE GOUD GAAN ZOEKEN, MAAR IK HAD GEREEDSCHAP NODIG... EN IK WAS PLATZAK!"
WARENHUIS VOOR DE GOUDZOEKER
HARING
BONEN
AARDAPPELS
BIJLEN
SPIJKERS
SALE
"IK PROBEERDE HEEL VAAK EEN LENING TE KRIJGEN, MAAR TEVERGEEFS!"
LENINGEN IN RUIL VOOR GOUDSTOF
WEGWEZEN!
GRRR! IK WIL GEWOON DAT JULLIE ME EEN KANS GEVEN! MEER NIET!
NIEMAND MAG JE DE KANS ONTHOUDEN OM DROMEN WAAR TE MAKEN!
MAAR DAT DEED IK WEL BIJ JULLIE! VANDAAR MIJN BESLUIT...

...OM JULLIE DE HELE BELONING TE GEVEN VOOR JULLIE STRANDTENT!
HOERA!
BEDANKT, OOM! NU KUNNEN WE DE BESTE SPULLEN KOPEN!
DAT WAS OOK M'N BEDOELING!
ALS JULLIE DEZE STRANDTENT VERGROTEN EN VERBETEREN, KUN JE CONCURREREN MET JE-WEET-WEL, DIE OOK EEN TENT HEEFT OP DIT STRAND! EN DAT ZOU IK GEWELDIG VINDEN!
HAHA! U BENT ONVERBETERLIJK!
WAT RAAR! MIJN OREN TUITEN!
EINDE

KLIK
1259
TRIIINNG
EINDELIJK LUIDT DE BEL HET WEEKEND IN...
HOERA!
MORGEN BASKETBALLEN?
RROMMEL
NATUURLIJK! IK DOE MEE! EN JIJ, BARTJE?
MISSCHIEN! OOM STOKER WILDE EEN BERG-WANDELING MAKEN!
VRR...
I TL 3378-4
SNEL! DAN VRAGEN WE HEM OF JE HIER MAG BLIJVEN!
WAK!

KWIK KWEK & KWAK
DE KASTEELBUREN
GA OPZIJ, BUUR! JE BENT TE DICHTBIJ!
NEE! JOUW SCHUTTING STAAT EEN MILLIMETER IN MIJN TUIN!
ZUCHT! WE ZIJN WEER THUIS!
ZO TE ZIEN WORDT HET EEN GEZELLIG AVONDJE!
NOU... TOT LATER, ROLF!

WACHT MAAR! IK BOUW TOCH WEL MIJN ZWEMBAD!
EN IK HET MIJNE!
KRKRKR...
IK WIST NIET DAT APEN KONDEN ZWEMMEN! IK DACHT DAT ZE...
...OP 'T LAND LEEFDEN!
PLOF
GRRR...
DIT IS DE DRUPPEL!
WE GAAN WEG! NU!
HUH?!
MAAR WE HEBBEN EEN BASKETBAL-TOERNOOI EN...
JULLIE SPELEN MAAR IN GANSWIJK AAN ZEE!

IK WIL EEN STOKERVRIJ WEEKEND! DUS...
...NODIG DAT VRIENDJE MAAR UIT DAT ZO GOED KAN TEKENEN!
ROLF? GOED IDEE, OOM!
IK STUUR BARTJE EEN BERICHT!
BLIJF TRAINEN! HET TOERNOOI IS UITGESTELD...
...TOT WE TERUG ZIJN UIT GANSWIJK AAN ZEE! TOT SNEL!
TWEE UUR LATER...
DIT STADJE IS ERGENS WERELD-BEROEMD OM!
WELKOM IN GANSWIJK AAN ZEE
OM WATER-IJSJES?

NEE! OM DE ZANDKASTELEN! EN TOEVALLIG BEN IK DAAR EEN STER IN!
WAUW! SINDS WANNEER?
"ALTIJD AL!"
KLOP KLOP
SWISJ SWISJ
TADAA!
BRAVO! GEWELDIG!
ELK JAAR IS HIER EEN BEROEMDE KASTELEN-WEDSTRIJD...
ZEERUST STRAND
SKRIEK
...EN IK HEB EEN VERRASSING VOOR JULLIE! RAAD EENS!
EEN WATER-IJSJE?

NEE! WIJ STAAN INGESCHREVEN! VOLWASSENEN MOGEN NIET MEEDOEN, MAAR IK COACH JULLIE!
MAAR WIJ WETEN NIETS VAN ZAND-KASTELEN!
ONZIN! ROLF KAN GEWELDIG TEKENEN, HIJ ZAL ONZE ARCHITECT ZIJN! EN...
...JULLIE COACH WEET ALLES OVER EMMERS EN SCHEPJES!
DAT KLOPT! JULLIE BOFFEN, JONGENS!
KOR KORREL! JE BENT 'T ECHT!
HERINNER JE JE ONZE SPECIALE BEGROETING NOG?
VOEL JE JE ALLEEN EN GESTRAND? MAKKER, VOLG ME DAN!
LATEN WE SPELEN IN 'T ZAND! KASTELEN, IK HOU ERVAN!
BOKS
IK DOE OOK MEE! IK LEER HET MIJN NICHTJE SANDY!
HOI JONGENS!

IK STEL JULLIE VOOR AAN DE CONCURRENTEN! DAT IS LARA! ZIJ WON DRIE JAAR GELEDEN!
"ZE HEEFT EEN REPLICA GEBOUWD VAN DE PIRAMIDE VAN CHEFREN..."
"...MET KRUIPGANGEN!"
WAK!
EN DAT IS SIMON, DE KAMPIOEN VAN TWEE JAAR GELEDEN!
"HET IS HEM GELUKT EEN BEELD VAN PAASEILAND TE MAKEN..."
"...MET DAARIN EEN VERRASSING!"

ZUCHT! DAT WORDT IN HET ZAND BIJTEN, SANDY!
WE KUNNEN NOOIT VAN ZE WINNEN!
WAT? JULLIE ZIJN NEEFJES VAN DONALD DUCK, DIE NU OOK...
...JULLIE COACH IS! JULLIE MAKEN EEN GOEDE KANS!
ALS JIJ 'T ZEGT...
EN WIE HEEFT VORIG JAAR GEWONNEN?
IK!
SLIK!
"IK HEB EEN ZANDLOPER GEBOUWD WAAR ECHT ZAND DOOR LIEP!"

BAR
PRIJS
HÉ! WAT EEN LANGE GEZICHTEN!
WE BEGEVEN ONS OP DRIJFZAND!
VRR..
HOE KUNNEN WE OOIT WINNEN VAN SANDY EN HAAR OOM?
VAN KOR?! ZIJN KASTELEN STORTEN ALTIJD IN ELKAAR!
KIJK! IK HEB EEN VERRASSING VOOR JULLIE!
PRIJS
WAT? EEN TRAINING? EEN ZANDBAD?
NEE! IJSJES! WILLEN JULLIE ER EEN?
SMAK! GRAAG!
IK DENK STEEDS AAN DE WED-STRIJD!
ACH, DAT KOMT WEL GOED!

NIEMAND IS EEN GEBOREN KAMPIOEN! VROEGER WAS IK...
WAT IS ER, DONALD?
IK KAN 'T NIET, OMA! HET ZAL ME NOOIT LUKKEN!
OM GOED TE WORDEN, MOET JE VOLHOUDEN! NOOIT OPGEVEN! EN...
...IK ZAL JE EEN GEHEIMPJE VERKLAPPEN!
OMA VERTELDE ME OVER DE SAAIBAAI, EEN RUSTIGE INHAM...
"...WAAR HET ZAND SUPERCOMPACT IS, IDEAAL VOOR KASTELEN!"
SAAI-BAAI
MET DAT ZAND ZULLEN JULLIE OOK KAMPIOEN WORDEN! IK GA WAT HALEN EN...
MAAR, OOM...

...IS HET NIET TEGEN DE REGELS OM SPECIAAL ZAND TE GEBRUIKEN?
NEE, KWAK! IK HEB HET NAGEKEKEN!
MAAR...
WAK!
SAAIBAAI VERBODEN TOEGANG
OH! HET STRAND IS AFGEZET!
SLECHT NIEUWS! WE MOETEN ONS TERUG-TREKKEN!
GEEFT NIET, OOM! WE VERMAKEN ONS WEL!
JA! WE HEBBEN EEN VERRASSING!
WAT? IS DE WEDSTRIJD OPGESCHORT?

BETER NOG! DAAR IS BARTJE!
GLOEP!
IK HEB OOM GEVRAAGD HIERHEEN TE GAAN...
...ZONDER TE ZEGGEN DAT JULLIE ER OOK ZOUDEN ZIJN!
HIHI!
GRMPF! KOM JE ME UITDAGEN OF ZO?
NEE, MAAR WAARMEE KAN IK DAT DOEN?
WACHT, OOM! TROK U ZICH NIET TERUG?
JA, MAAR STOKER STOOKT! HEBBEN JULLIE 'M NIET GEHOORD?
HÉ! WAAR KAN IK ME INSCHRIJVEN?
ZUCHT! DAAR...

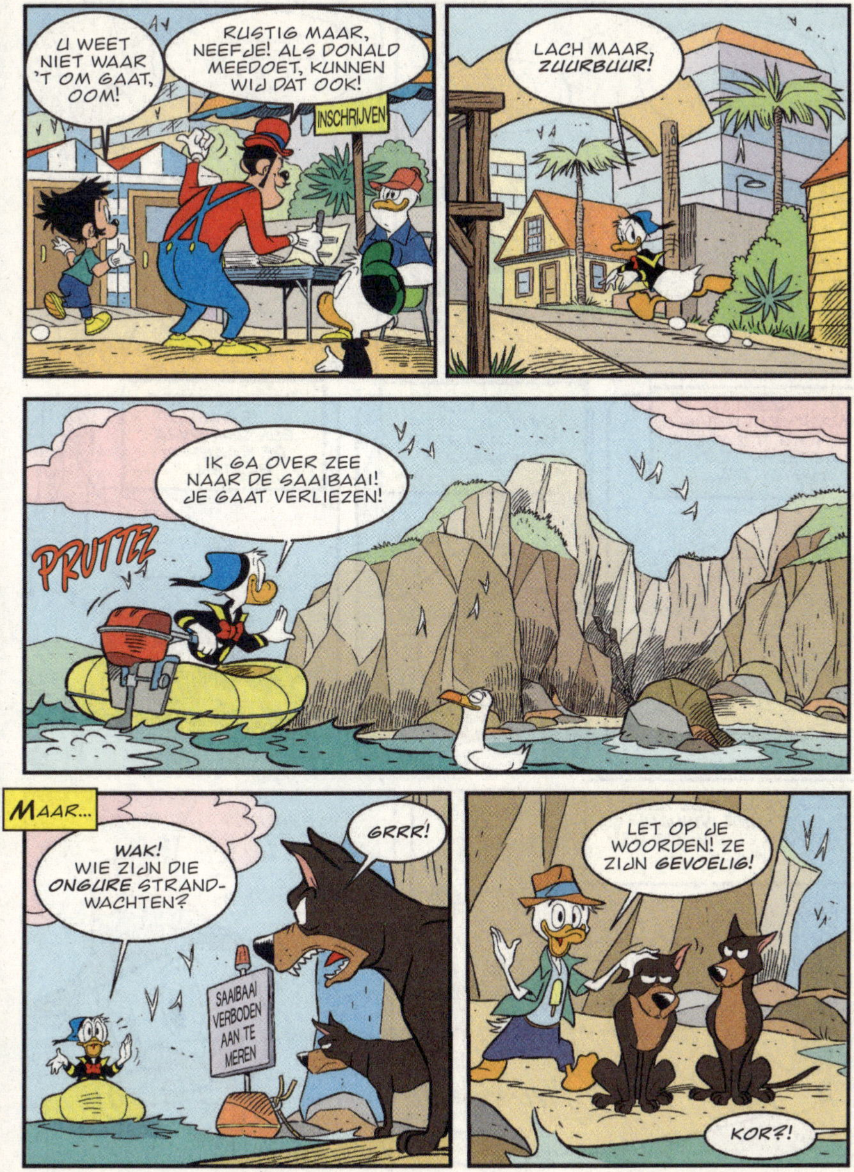
U WEET NIET WAAR 'T OM GAAT, OOM!
RUSTIG MAAR, NEEFJE! ALS DONALD MEEDOET, KUNNEN WIJ DAT OOK!
INSCHRIJVEN
LACH MAAR, ZUURBUUR!
IK GA OVER ZEE NAAR DE SAAIBAAI! JE GAAT VERLIEZEN!
PRUTTEL
MAAR...
WAK! WIE ZIJN DIE ONGURE STRAND-WACHTEN?
GRRR!
SAAIBAAI VERBODEN AAN TE MEREN
LET OP JE WOORDEN! ZE ZIJN GEVOELIG!
KOR?!

SORRY, MAAR JE MOET DAAR BLIJVEN!
ZAND IS VAN IEDEREEN!
MAAR DE SAAIBAAI NIET! DIE IS VAN MIJ!
VAN JOU?
CONTRACT
"NOEM 'T ONDERNEMERSVISIE! IK WAS 'T ZAT OM KASTELEN TE ZIEN INSTORTEN..."
"...EN MIJN DROOM OM DE WEDSTRIJD TE WINNEN!"
"TOEN HOORDE IK JE OMA OP EEN DAG OVER DE SAAIBAAI PRATEN..."
"...EN ZAG IK JE KEER OP KEER WINNEN! IK WAS BLIJ VOOR JE, MAAR..."
ZOMP
...IK BESLOOT DAT DAT ZAND OOIT VAN MIJ ZOU ZIJN! EN DIE DAG IS GEKOMEN!

EVEN LATER...
...GEEN MAGISCH ZAND DUS?
HMF! NEE! KOR WIL WINNEN...
...EN MET DAT ZAND LUKT HEM DAT MORGEN OOK!
TUF TUF
ER ZIT WEL EEN LUCHTJE AAN DIT VERHAAL...
JA! ZOU ER ÉCHT EEN SPECIAAL SOORT ZAND BESTAAN?
IK WEET WIE ONS KAN HELPEN!
TRING
EN ZO...
HET GESPREK MET OMA HEEFT ME OP EEN IDEE GEBRACHT! LUISTER...

EEN DAG LATER...
ZUCHT... VANDAAG IS DE WEDSTRIJD EN IK HEB NOG GEEN KORRELTJE SPECIAAL ZAND...
HMM... WAT IS DAT?
IK SCHENK JE WAT SPECIAAL ZAND, DAN HEB JIJ DE WEDSTRIJD IN EIGEN HAND!
"...DAN HEB JIJ DE WEDSTRIJD IN EIGEN HAND!" WAUW! BEDANKT, MYSTERIEUZE GEVER!
LATER...
DEELNEMERS AAN DE WED-STRIJD, OP UW PLAATSEN!
ALS IK JULLIE WAS, STOPTE IK MET LUCHTKASTELEN BOUWEN!
WIJ BOUWEN ZE VAN ZAND!

EN ZE ZULLEN STERKER ZIJN DAN DIE VAN HEN! HAHA! IS 'T PROJECT KLAAR, ROLF?
JA... HIER IS HET!
PERFECT! SCHEPJES VAST, TEAM!
JA, COACH!
EN IN EEN OOGWENK...
GOED WERK! EENS KIJKEN WAT ONZE KASTEELBUREN UITSPOKEN!
SLIK!

MOOI MUURTJE VAN STOKER!
WAK! KOR DENKT ZEKER DAT-IE EEN SJEIK IS!
HM... KIJK DIE SOEPKIP NOU EENS!
HÉ, BUURMAN! DIT IS HET MOMENT OM JE KOP IN HET...
SDENG
WACHT, OOM! NEE!
...ZAND TE STEKEN! HAHA!

HÉ! WE ZIJN MISSCHIEN RIVALEN, MAAR DONALD BLIJFT M'N JEUGDVRIEND!
WAT WILT U DOEN?
KIJK EN LEER, NICHTJE! AANVALLEN!
ARGH! EEN INDRINGER!
SWOESJ
PAK AAN!
VROEMP
TEN STRIJDE!

STOKER HEEFT KWADE BEDOELINGEN!
IK HEB HIER GENOEG VAN! GAAN JULLIE MEE?
SORRY VOOR M'N OOM! ZO IS HIJ NU EENMAAL!
MAAK JE NIET DRUK! ZE ZIJN ALLE DRIE ONVERBETERLIJK!
JONGENS! ROLF HEEFT EEN IDEE!
ALS WE EENS... PSS... PSS...
JA! AAN 'T WERK!
INTUSSEN...
OPHAALBRUG!
AAAH!

SPLATS
FWIIET
GENOEG NU!
JULLIE GEDRAG IS SCHANDELIJK!
COACHES, JULLIE ZIJN GEDISKWALIFICEERD!
MAAR...
DIT VALT ME VAN U TEGEN, MENEER KORREL!
EH...
NEEM EEN VOORBEELD AAN DE KINDEREN!
ZIJ KRIJGEN DE EERSTE PRIJS!
WAK! EEN KNIKKERBAAN!

JA! EEN SPEL DAT IEDEREEN SAMENBRENGT! TOCH, OMA?
NET ALS 'T ZAND VAN DE SAAIBAAI!
HOE BEDOELT U?
IK WILDE JE HELPEN, DUS ZEI IK DAT HET ZAND MAGISCH WAS!
DAT WERKTE! 'T GAF JE VERTROUWEN!
W-WILT U ZEGGEN DAT...
JA! 'T IS GEWOON ZAND!
HETZELFDE ALS DAT VAN JULLIE MEGAKASTELEN!
IK SNAP 'T! IK GEEF DE SAAIBAAI AAN DE STAD TERUG! ZUCHT!
GOED IDEE, OOM! ZIN IN EEN IJSJE, JONGENS?
LEKKER! IK LOOP WEL MEE!
NEE, IK!
DAT DOE IK WEL!
JONGENS, NIET RUZIËN, HÈ! HIHI!
EINDE

DE OCHTENDSCHIM
...DUS, AANGEZIEN JE ZO VEEL SUCCES HEBT MET ALLE STUKKEN DIE JE VOOR ONZE KRANT SCHRIJFT, STEL IK VOOR DAT JE DE HELE ZOMER VRIJ NEEMT...
I TL 3112-2
...OM IN ALLE RUST JE EERSTE BOEK TE SCHRIJVEN!
YUK! EEN BOEK? WAAROVER?
OVER JEZELF, OVER DE STAD, OVER DE ZOMER, OVER KWIJTGERAAKTE SOKKEN...
OVER WAT JE MAAR WILT DUS!
HET WORDT EEN BESTSELLER! MILJOENEN FANS VAN JE BESPOTTE... EH... BUITENGEWONE ARTIKELEN ZULLEN HET GEWELDIG VINDEN!
IK WEET NIET WAT IK MOET ZEGGEN, MENEER BLACKSPOT! IK BEN VERLEERD... EH... GEDEERD... EH...
...DAT U DENKT DAT IK ZOIETS BAARDIG BEN... EH... ZWAARDIG...
WIL JE MIJN VERTROUWEN WAARDIG ZIJN? GA DAN METEEN!
BLACKSPOT
HUP! ZOEK EEN RUSTIG PLEKJE VOOR DE KOMENDE DRIE MAANDEN EN LAAT MIJ WERKEN!

"IK HEB LOUCHE ZAAKJES AF TE HANDELEN!"
ZOALS DIE PAAR OVERGEBLEVEN BOEREN IN HET NOORDEN VERJAGEN...
...EN HUN LAND OMTOVEREN TOT EEN ENORME GOLFBAAN VOOR DE MEGARIJKEN!
ZO SPEK IK MIJN BANKREKENING MET KLINKENDE MUNT! HIHI!
EN AANGEZIEN DIE LAATSTE KOPPIGE BOERENKINKELS, ONDANKS HET HARDE WERK VAN M'N TUSSENPERSONEN, MAAR NIET WILLEN OPHOEPELEN...
MAKELAARS-BEDRIJF PINOKKIO
DIRK DOERAK
SAM SMIECH
FANNY FAKE
FRED FIELT
Nieuwe mode
Zomer-schoeisel
...BEN IK GEDWONGEN OM ZE OP EEN ANDERE MANIER TE OVERTUIGEN!
"BORIS EN ZIJN MATEN HALEN DE INWONERS WEL OVER OM HUN KROTTEN TE VERKOPEN!"
TRIIING TRIIING
"IK HOEF ECHT NIET TE WETEN WIE DIE LUI ZIJN, HOE ZE HETEN OF HOE HUN SUFFE DORPJE HEET!"

REPORTER GOOFY
Zomer in Groene Vijver
AANGENAAM, IK BEN CANDY BLOEMBERG! JIJ BENT VAST GOOFY!
YUK! KLOPT!
MIJN MAN ZEI DAT JE HAD GEBELD! JE BENT HIER VOOR HET HUISJE UIT DE ADVERTENTIE, TOCH? DEZE KANT OP!
IK LAAT JE ZIEN WAAR HET IS! LUUK IS OP HET LAND BEZIG!
BEDANKT!
BEN JE MET JE AUTO GEKOMEN?
NEE, MET MIJN BUS!
?
NOU JA... MET DE LIJNBUS, MAAR IK WAS DE ENIGE PASSAGIER!
BONK

IK HEB ALLE ZITPLAATSEN GEPROBEERD EN ZELFS DE STAANPLAATSEN! HET WAS EEN MOOIE REIS!
WEET IK! MAAR ER KOMT HIER BIJNA NIEMAND MEER! ZUCHT!
WIJ DIE IN DEZE ONGEREPTE STREEK WONEN, VOELEN ONS VERWAARLOOSD!
DE GROTE STAD BREIDT ALSMAAR UIT EN WIE HIER NOG BLIJFT WONEN, RAAKT GEÏSOLEERD!
WE WORDEN ZELFS ONDER DRUK GEZET OM WEG TE GAAN!
EN DOEN JULLIE DAT?
NEE! WIJ BLIJVEN! WE LEVEN VAN DE LANDBOUW EN DIT IS ONS THUIS!
KLIK

MAAR ALS HET ZO DOORGAAT, WEET IK NIET HOELANG WE HET NOG KUNNEN VOLHOUDEN!
WAT ERG...
JA! DAAROM IS HET VAKANTIEHUISJE OOK ZO GOEDKOOP! IK BEN BANG DAT DIT DE LAATSTE ZOMER IS DAT ER NOG IEMAND IN ZAL VERBLIJVEN!
SORRY VOOR DIT VERHAAL! JE KOMT VOOR JE RUST EN IK VAL JE LASTIG MET MIJN ZORGEN!
KOM, IK LAAT JE HET HUISJE ZIEN! HET IS NIET GROOT, MAAR OOIT WOONDEN WE ER MET Z'N VIEREN, SAMEN MET OMA TESSA...
...EN TIJDENS DE ZOMERPERIODE KONDEN WE ZELFS EEN KAMER VERHUREN!
!

WELKOM IN 'GROENE VIJVER'!
DENK JE DAT JE HIER DRIE MAANDEN KUNT VERBLIJVEN?
EN?
HET IS... PERFECT! MIDDEN IN DEZE PRACHTIGE NATUUR VOEL IK ME VAST NIET ALLEEN...
...EN KAN IK ME GOED CONCENTREREN OP MIJN BOEK!
BEN JE SCHRIJVER?
SOMS! MAAR IK GELOOF DAT IK IN DE KOMENDE WEKEN VOORAL EEN DENKER ZAL ZIJN...

"...WANT IK HEB NOG GEEN FLAUW IDEE HOE IK AL DIE PAGINA'S GA VULLEN!"
DRIE MAANDEN DE STAD UIT? GEWELDIG, GOOFY! WEL JAMMER DAT IK JE NU DE HELE ZOMER NIET ZIE!
IK REIS MET MIJN VERLOOFDE MEE OP ZIJN AVONTUREN OVER DE HELE WERELD!
WE HEBBEN ELKAAR STRAKS VAST HEEL VEEL TE VERTELLEN!
HMM... JA! DE STERREN STAAN GOED VOOR DE TAAK DIE JE TE WACHTEN STAAT!
DEZE ZOMER WORDT VOOR JOU EEN ECHTE DUIK IN HET VERLEDEN!
PLATS

JA... EEN DUIK!
IK HEB OPEENS ZIN IN EEN **VERFRISSENDE** ZWEMPARTIJ IN DIT HELDERE WATER!
EH... IK ZIE DAT JE JE AL HELEMAAL THUIS VOELT! DAN GA IK MAAR!
OEPS! JA!
KOM JE VANAVOND BIJ ONS ETEN? WE WONEN HIER VLAKBIJ, AAN HET EIND VAN HET PAD!
ER ZIJN MAAR WEINIG GASTEN DIE **ZO LANG** IN 'GROENE VIJVER' BLIJVEN! EN ONZE KINDEREN WILLEN GRAAG KENNISMAKEN!
DENK JE?
ZEKER WETEN! IK HEB HET GEVOEL DAT JIJ OOK NOG EEN BEETJE **KIND** BENT GEBLEVEN!

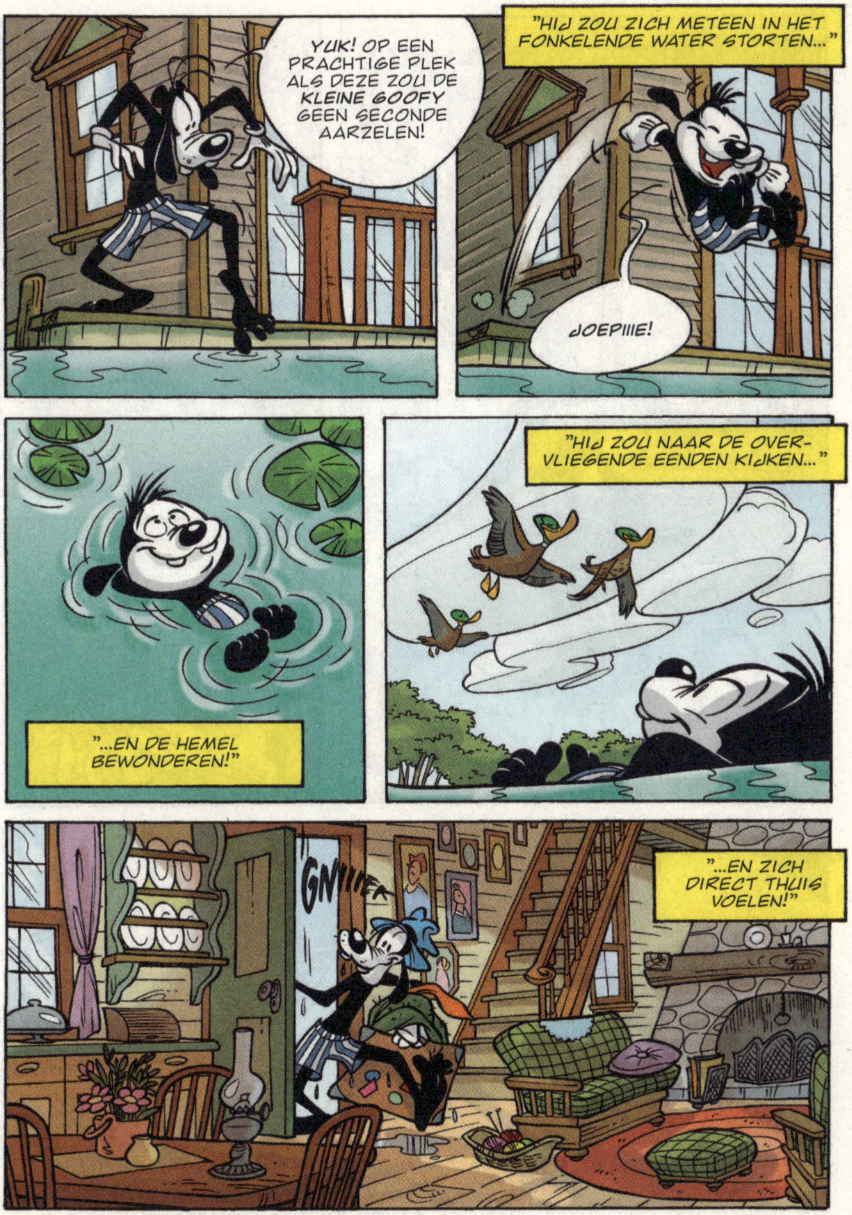
YUK! OP EEN PRACHTIGE PLEK ALS DEZE ZOU DE KLEINE GOOFY GEEN SECONDE AARZELEN!
"HIJ ZOU ZICH METEEN IN HET FONKELENDE WATER STORTEN..."
JOEPIIIE!
"HIJ ZOU NAAR DE OVER-VLIEGENDE EENDEN KIJKEN..."
"...EN DE HEMEL BEWONDEREN!"
"...EN ZICH DIRECT THUIS VOELEN!"
GNIIIEK

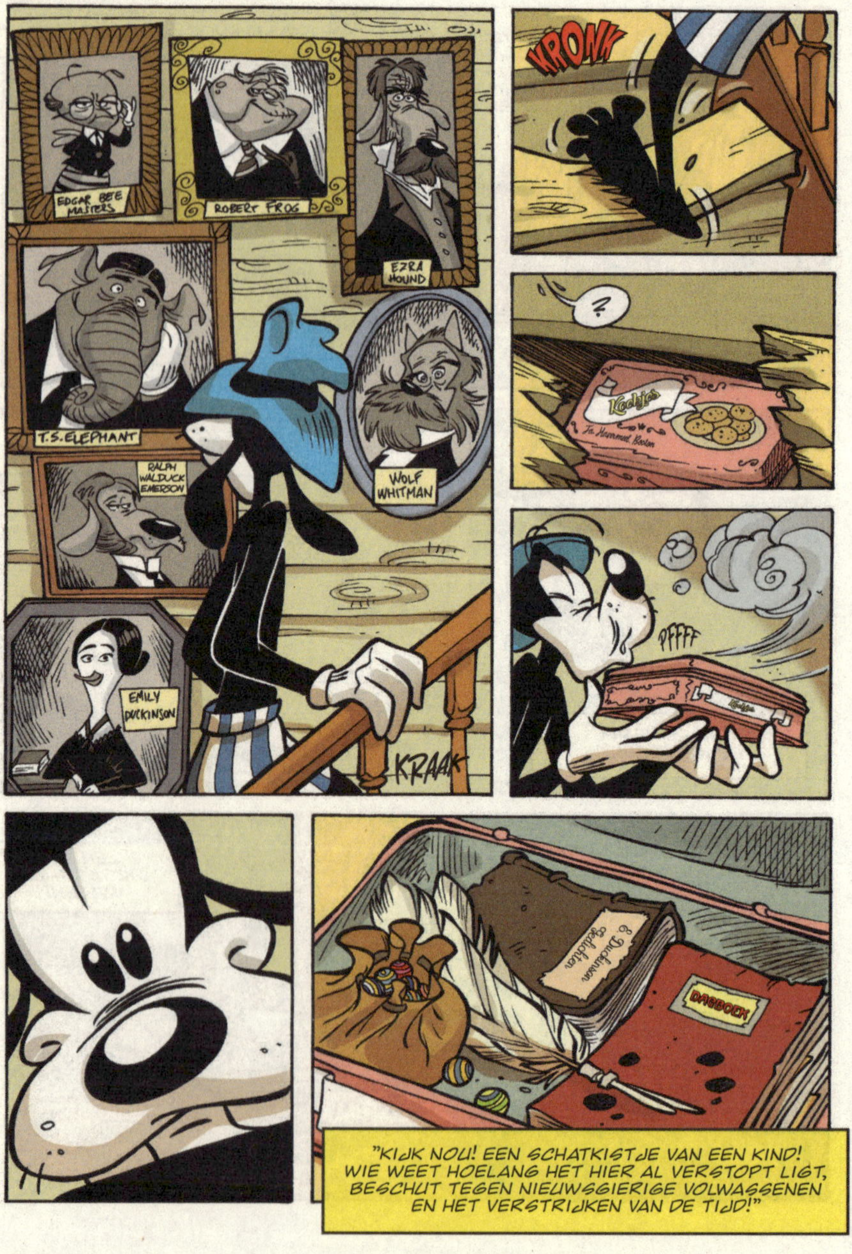
EDGAR BEE MASTERS
ROBERT FROG
EZRA HOUND
T.S. ELEPHANT
WOLF WHITMAN
RALPH WALDUCK EMERSON
EMILY DUCKINSON
KRAAK
KRONK
?
PFFFF
DAGBOEK
"KIJK NOU! EEN SCHATKISTJE VAN EEN KIND! WIE WEET HOELANG HET HIER AL VERSTOPT LIGT, BESCHUT TEGEN NIEUWSGIERIGE VOLWASSENEN EN HET VERSTRIJKEN VAN DE TIJD!"

...DIT BRENGT ME TERUG NAAR EEN TIJD IN M'N JEUGD DIE IK IN EEN UITHOEK VAN M'N GEHEUGEN HAD WEGGESTOPT!
ZIJN HET JOUW KINDERSCHATTEN?
NEE, NIET VAN MIJ! DIE VAN...
COLIN, HOE HEETTE DAT JONGETJE OOK WEER DAT ELKE ZOMER NAAR 'GROENE VIJVER' KWAM TOEN WE KLEIN WAREN?
DIE MET ZIJN FAMILIE ALTIJD DE KAMER HUURDE IN HET HUISJE BIJ HET MEER?
DONKERE OGEN, RUSTIGE OUDERS, FANATIEKE KNIKKERAAR?
JA, PRECIES! DIE! HOE HEETTE HIJ OOK WEER?
DAT WEET IK NIET MEER, ZUSJE!
"MAAR ZIJN BIJNAAM WAS DIE VAN EEN INDIAAN! EN JIJ WAS BOSJESHAAR! WEET JE NOG?"
"OH JA! WE KLOMMEN IN BOMEN EN RENDEN MET DE WIND MEE!"

"VLIEGEREN, ZWEMMEN IN HET MEER, LEZEN IN EEN TENT VAN LAKENS..."
"DE ESDOORN DRAAGT EEN BONTE DAS, HET VELD EEN ROOD GEWAAD, OM NIET UIT DE TOON TE VALLEN, DRAAG IK JUWELEN VAN AGAAT!"
MOOI, HÈ?
"HET IS ERG LANG GELEDEN! WE SPEELDEN EEN AANTAL ZOMERS SAMEN!"
TOEN, VAN HET ENE OP HET ANDERE JAAR, KWAM ZIJN FAMILIE NIET MEER TERUG!
HET JONGETJE DACHT IN ELK GEVAL DAT HIJ TERUG ZOU KOMEN NAAR 'GROENE VIJVER'! ANDERS HAD HIJ ZIJN SCHAT WEL MEEGENOMEN...
...EN MIJ MIJN BOEK HEBBEN TERUGGEGEVEN!
YUK! IS DAT SOMS JULLIE VOOROUDER? ER HANGT EEN SCHILDERIJ VAN HAAR IN HET HUISJE!
Emily Duckinson Gedichten
Butler & Kay, New York
NEE, DAT IS EMILY DUCKINSON, DE DICHTERES!
OMA TESSA GAF HAAR LIEFDE VOOR POËZIE AAN MIJ DOOR...
ELKE KEER DAT IK VERLIEFD WERD OP HET WERK VAN EEN DICHTER, HING IK EEN PORTRET VAN DIE PERSOON OP LANGS DE TRAP NAAR OMA'S KAMER!
IK DACHT DAT JE DE NAMEN VAN VERRE FAMILIELEDEN HAD OPGESCHREVEN OM ZE NIET TE VERGETEN!
TJA... HAD IK DE NAAM VAN DAT JONGETJE MAAR ONTHOUDEN, DAN KON IK HEM ZIJN GEHEIME SCHAT TERUGGEVEN!
GEEN NAAM IN HET DAGBOEK?
NEE... ALLEEN HEEL VEEL VINGERAFDRUKKEN!
"MAAR MISSCHIEN KAN IK UITZOEKEN OF ER EEN AANWIJZING IN STAAT OVER DE EIGENAAR! YUK!"

"ZO BEGON IK DAT DAGBOEK TE LEZEN VAN EEN KIND VAN LANG GELEDEN..."
"...EN IK KON NIET MEER STOPPEN!"
PLONS
"PAGINA'S VOL MOOIE WOORDEN EN ZINNEN, BIJNA POËZIE..."
TING
"...DIE HET DRUKKE LEVEN IN EEN APPARTEMENT IN DE STAD..."
"...VERGELEKEN MET HET SPARTAANSE, MAAR VEEL VRIJERE LEVEN IN HET HUISJE BIJ HET MEER!"
"IK KWAM HIER OM MIJN VERHAAL TE SCHRIJVEN, MAAR WERD IN 'T VERHAAL VAN EEN ANDER GEZOGEN!"
"IEMAND WIENS NAAM IK NIET KEN, MAAR DIE ME NU ZO DIERBAAR EN VERTROUWD IS ALS EEN BROERTJE!"
"NET ZOALS DE FAMILIE BLOEMBERG ME DIERBAAR EN VERTROUWD IS!"
OOM GOOFY!
HOERA!

"IK BEN OPGENOMEN IN HUN DRUKKE GEZIN!"
KOM MET ONS SPELEN!
EET JE OOK MEE?
"EN IK DEEL INMIDDELS HUN VROLIJKE CHAOS..."
"...MAAR OOK HUN GROEIENDE ZORGEN!"
IK SNAP 'T NIET! ZE GINGEN GROENTE VERKOPEN IN DE STAD! ZE HADDEN AL LANG TERUG MOETEN ZIJN!
LUUK!
PAPA! OOM COLIN!
OEF! EINDELIJK THUIS! DAG GOOFY!
SORRY, LIEVERD!
SMAK
WAT IS ER GEBEURD?
OP DE TERUGWEG WAS DE WEG GEBLOKKEERD DOOR EEN PAAR OMGEVALLEN BOMEN!
DIE HADDEN WE PAS NOG GECONTROLEERD! ZE WAREN GEZOND EN STABIEL!
"NATUURLIJK WAREN DIE VAMPIERS VAN DE MAKELAARDIJ ER OOK!"
ZE HADDEN OP JULLIE AUTO KUNNEN VALLEN!
DEZE BOSSEN ZIJN GEVAARLIJK! WE MOETEN ZE PLATGOOIEN!

BLOED-ZUIGERS! ZE DOEN ER ALLES AAN OM ONS TE DWINGEN TE VERKOPEN!
WE WONEN HIER AL GENERATIES LANG IN HARMONIE MET DE NATUUR...
BONK
...MAAR OPEENS GEBEUREN ER RARE EN ONVERKLAARBARE DINGEN!
EEN BEER HEEFT DE VERJAARDAGSTAART VAN MIJN VRIENDINNETJE OPGEGETEN!
JA! MET KAARSJES EN AL! SMAK!
WEL UITGEBLAZEN?
EN HIJ HEEFT OOK MIJN NIEUWE KNIKKERBAAN VERTRAPT! DAT STOMME BEEST!
ALS HIJ Z'N SNUIT HIER NOG EEN KEER LAAT ZIEN, NEEM IK 'M TE GRAZEN!
OLIVIER! ROOS! ZO WIL IK JULLIE NIET MEER HOREN PRATEN!
JE WEET DAT DIEREN ALLEEN IETS DOEN ALS ZE UITGEDAAGD WORDEN!
JA... MAAR DAT BAKBEEST HEEFT DE VOORDEUR VAN DE FAMILIE JANSEN GESLOOPT OM DE KEUKEN TE PLUNDEREN!
"WE ZAGEN DE RAVAGE TOEN WE VAN SCHOOL KWAMEN!"
GELUKKIG WAS DE KEUKENKAST VOL! WAT HAD DAT MORMEL ANDERS GEDAAN?
"OVER SCHOOL GESPROKEN..."

VERTEL AAN OOM GOOFY WAT ER IS GEBEURD MET DE ONZE!
DIE WERD INGENOMEN DOOR ELANDEN!
SCHOOL
SMEK SMAK
TJOMP TJOMP
"ZE HEBBEN BOEKEN OPGEVRETEN EN DE SCHOOLBANKEN GESLOOPT!"
NADAT OOM COLIN EN DE ANDEREN ZE HADDEN WEG-GEJAAGD...
...STORTTE DE SCHOOL IN!
TSK! DE SCHOLEN IN DE STAD ZIJN WEL VEILIG, HOOR!
HET GEBOUW WAS NIET BESTAND TEGEN DIE INVASIE!
MAAR JE MOET TOEGEVEN DAT DE SCHOOL AL HEEL OUD WAS EN FLINK WAT RE-PARATIES NODIG HAD!
MIJN CANDY! ONVERBETERLIJKE DIERENVRIEND!
DAT IS HET NIET, LUUK!

IK BEGIN ECHT TE VERMOEDEN DAT HIER OPZET IN HET SPEL IS!
DAT HEB IK ALTIJD AL GEDACHT! IEMAND HEEFT DE DIEREN GELOKT...
...EN OP HET GOEDE MOMENT DIE BOMEN ONTWORTELD!
ZONDER BEWIJS HEBBEN WE NIETS AAN JE BESCHULDIGINGEN, COLIN!
ALS WE DIE MAKELAARS WILLEN VERSLAAN, MOETEN WE LATEN ZIEN DAT WE ONS NIET LATEN TEGENHOUDEN DOOR EEN BEETJE PECH!
WE BOUWEN EEN NIEUW SCHOOLGEBOUW! MOOIER EN GROTER DAN EERST!
YUK! ALS IK KAN HELPEN...
IK WAS VROEGER ERG GOED MET BLOKKEN!
WELKOM BIJ HET TEAM, GOOFY! MIJN ZUSJE ZORGT WEL VOOR DE LUNCH! TOCH, CANDY?
REKEN MAAR!
SMAK! ALS JE TIJD HEBT, ZOU JE DIT EENS MOETEN LEZEN!
"IK VOND HET ECHT PRACHTIG!"

"HET IS ZOMER EN WE ZIJN TERUG IN 'GROENE VIJVER'! WAT IS 'T HIER TOCH MOOI! CANDY EN COLIN ZIJN ER OOK! HIJ IS GEGROEID EN ZIJ..."
"...KWAM DE DEUR VOOR ONS OPENEN! ZE HAD RODE WANGEN EN HAAR HAAR ZAT IN DE WAR! HET WAS ME NOOIT OPGEVALLEN DAT ZE ZO MOOI WAS!"
OH!
"MAAR DAT ZEG IK NIET! IK BEN TENSLOTTE EEN STOERE STADSJONGEN! EN IK ZEG OOK NIET DAT IK HIER ZOU WILLEN WONEN, NET ALS ZIJ..."
"...EN NIET IN EEN GRAUW, GRIJS FLATGEBOUW MET RAMEN DIE OP DICHTGEKNEPEN OGEN LIJKEN!"
"EEN GEBOUW DAT ZO HOOG IS DAT JE 'T NIET EENS GOED AAN KUNT KIJKEN! MAAR DIT HUISJE IS KLEIN EN JE KUNT 'T RECHT IN DE OGEN KIJKEN, DIE GROOT EN GLANZEND ZIJN!"
"IK KIJK EN GLIMLACH! EN HET HUIS GLIMLACHT TERUG!"
"CANDY EN COLIN KUNNEN ZICH NIET VOORSTELLEN DAT ER FLATS BESTAAN DIE DE HELE TIJD GROMMEN EN BROMMEN!"
"BETONNEN DOZEN VOL TRIESTE STEMMEN, BOZE STEMMEN, BEZORGDE STEMMEN!"

"HET HOUTEN HUISJE BIJ HET MEER IS ALTIJD VROLIJK! SOMS FLUIT HET, SOMS FLUISTERT HET..."
TWIET
TWIET
TWIET
SHHHH
"...MAAR MEESTAL BLIJFT HET STIL EN LUISTERT HET!"
"DIT HUISJE HEEFT EEN STEM ZO ZACHT ALS MUZIEK IN DE WIND!"
"DE FLAT IS DOL OP DUISTERNIS! ZELFS OVERDAG MOET JE ER 'T LICHT AANDOEN!"
"DIT HUISJE NIET, DE ZON VERLICHT DE KAMERS EN SCHILDERT ZE IN DE MOOISTE KLEUREN! 'S OCHTENDS GEEL, 'S MIDDAGS ROOD EN VLAK VOOR ZONSONDERGANG ORANJE!"
"HET HUIS IN DE STAD VERTROUWT NIEMAND! VOOR JE NAAR BINNEN MAG, MOET JE ALLERLEI DEUREN DOOR! DE DEUR VAN HET GEBOUW, DE LIFTDEUR EN DIE VAN HET APPARTEMENT!"
"HET HOUTEN HUISJE HEEFT ER MAAR ÉÉN!"
"EEN GROENE DEUR! GROEN, ZOALS ALLE MOOIE DINGEN... HET GRAS, DE BOMEN, DE ZEE IN DE WINTER!"

"ER IS EEN TUIN IN DE STAD, MAAR ALLEEN OM NAAR TE KIJKEN, NIET OM IN TE SPELEN!"
HIHI!
"HIER KAN IK M'N SCHOENEN UITDOEN EN M'N VOETEN LATEN KIETELEN DOOR HET GRAS!"
"HET HUIS IN DE STAD RUIKT MUF, NAAR KIBBELENDE AUTO'S EN VIEZE TRAPPENHUIZEN!"
SNURK! ZZZZ...
"HIER AAN HET MEER RUIKT HET HEERLIJK! NAAR GEMAAID GRAS, HOUT EN..."
"...POËZIE!"
"TOT IK HIER KWAM, WIST IK NIETS VAN POËZIE! MAAR NU NEEMT CANDY ME MEE NAAR STILLE PLEKJES EN LEEST ME HAAR FAVORIETE PASSAGES VOOR!"
"DOOR DIE WOORDEN WIL IK OOK SCHRIJVEN, GEDICHTEN ALLEEN VAN MIJ!"
"TWEE WEGEN LIEPEN UITEEN IN EEN GEEL WOUD, EN TELEURGESTELD DAT IK, EENZAME REIZIGER, BEIDE NIET KON VOLGEN, BLEEF IK LANG STAAN EN BEKEEK ER ÉÉN ZO VER IK KON, TOT WAAR HIJ AFBOOG..."
"DOOR DIE WOORDEN WIL IK NAAR DE HEMEL KIJKEN..."
"...DIE IN HET GRAUWE GEBOUW ZO VER WEG LIJKT DAT JE BIJNA VERGEET DAT HIJ BESTAAT!"

"HIER IS HIJ ZO DICHTBIJ DAT JE HEM KUNT AANRAKEN!"
"DIT HUISJE HEEFT Z'N HOOFD IN DE WOLKEN EN WORDT VERWARMD DOOR DE ZON!"
"EN 'S NACHTS SCHITTEREN DE STERREN!"
nieuwe school van Groene Vijv
"IK GELOOF DAT ER PLEKKEN BESTAAN DIE VOL ZIJN VAN EEN SPECIALE ENERGIE, PLEKKEN DIE HET BESTE IN MENSEN NAAR BOVEN KUNNEN HALEN!"
Nieuwe school van Groene Vijver
"OF MISSCHIEN ZIJN HET DE PERSONEN DIE ER WONEN DIE DAT DOEN!"
"IK GELOOF IN HET BOS EN IN DE WEIDE EN IN DE NACHT WAARIN HET GRAAN GROEIT! (IK GEEF TOE, DIE ZIN KOMT UIT EEN VAN CANDY'S BOEKEN...)"
"HET BEWIJS? KIJK MAAR NAAR MAMA EN PAPA! IN DE FLAT IN DE STAD LIJKEN ZE GELATEN EN UITGEPUT! ZE MAKEN VAAK RUZIE EN MOPPEREN OP ELKAAR!"
SMAK
"ZE SPREKEN MET HARDE, BOZE STEMMEN!"
"MAAR HIER LIJKEN ZE WEER JONG EN BLIJ, MET STRALENDE OGEN, WARME GEZICHTEN EN STEMMEN ZO ZACHT..."
"...ALS MUZIEK IN DE WIND!"

YUK! TIJD OM TE GAAN! DEZE MAANDEN ZIJN OMGEVLOGEN!
HOPELIJK KOM JE WEER TERUG!
ALS WE HIER DAN NOG ZIJN!
IK ZAL OVER JULLIE SCHRIJVEN EN OVER HOE MOOI 'GROENE VIJVER' IS! EN IK RAAD MIJN LEZERS AAN HIERHEEN TE GAAN!
ALLES KOMT GOED, IK WEET 'T ZEKER!
OH, GOOFY! KOM HIER! WE ZULLEN JE MISSEN!
"DE ZOMER DIE VLUCHT, IS EEN VRIEND DIE VERTREKT!"
!
WAUW! DAT SCHRIJF IK OP...
DAT HEB IK NIET BEDACHT, HET IS EEN GEDICHT VAN EEN FRANSE SCHRIJVER!
OVER SCHRIJVERS GESPROKEN, HIER IS DE GEHEIME SCHAT!
Koekjes
NA HET LEZEN VAN HET DAGBOEK HEB IK DE BOEKEN VAN OMA TESSA UITGEPLOZEN...

"...EN IK HEB DE NAAM GEVONDEN VAN HET JONGETJE UIT DE STAD! ALS JE TOCH DIE KANT OP GAAT..."
"YUK! IK ZAL PROBEREN DE EIGENAAR TE VINDEN! BELOOFD!"
DE TENDSCHIM
HÉ! KIJK EENS WIE DAAR IS! ONZE STERREPORTER! WELKOM TERUG!
EN? WAS HET EEN NUTTIGE ZOMER? IS HET BOEK KLAAR?
EH... NOU... HET GING ALLEMAAL NOGAL ANDERS DAN VERWACHT!
KORTOM... IK HEB NOG GEEN REGEL GESCHREVEN, MAAR HET BOEK ZIT IN MIJN HOOFD!
HET WORDT EEN ODE AAN DE POËZIE, DE NATUUR EN DE ONBEZORGDE KINDERTIJD!
MAAR IK KOM NIET MET LEGE HANDEN! IK HEB DIT MEEGENOMEN!
!

GOED, DAN GA IK MAAR! IK WIL UW KOSTBARE TIJD NIET VERDER VERSPIL...
Mr BLACKSPOT
...OEPS!
PATS
YUK! WAT DOM! IK BEN VERGETEN DE SLEUTELS VAN HET HOUTEN HUISJE TERUG TE GEVEN!
RINKEL RINKEL
WAT EEN ELLENDE! NU MOET IK HELEMAAL TERUG EN DE EERSTVOLGENDE BUS NAAR 'GROENE VIJVER' VERTREKT OM...
D-DAT IS NIET NODIG!
IK MOET TOEVALLIG DIE KANT OP VOOR ZAKEN! IK KAN DE SLEUTELS DAAR WEL AFLEVEREN!
WAT VRIENDELIJK VAN U!
BEDANKT EN... GOEDE REIS!
Mr BLACK
"BRAVO! ZOALS RALPH WALDUCK EMERSON OOIT SCHREEF... DE BELONING VOOR IETS DAT GOED GEDAAN IS, IS HET GEDAAN TE HEBBEN!"

TRIIING
TRIIING
?
DE OCHTENDSCHIM! MET BLACKSPOT!
HET IS GELUKT, BAAS! ZE GAAN WEG!
NATUURLIJK HEBBEN WE DE SCHOOL NIET OP EEN TERMIETENHOOP GEBOUWD! WE ZIJN NIET GEK!
HET RISICO VAN HET PLATTELAND, MENEER BLOEMBERG!
DE INWONERS VAN 'GROENE VIJVER' ZIJN KLAAR OM TE TEKENEN! ZE VERKOPEN AL HUN LAND VOOR EEN SCHIJNTJE!
U HOEFT ALLEEN JA TE ZEGGEN!
BAAS? BENT U ER NOG? WE WACHTEN OP UW AKKOORD OM TE TEKE...
NIET TEKENEN!

"EN WEET JE WAT DIE GEWELDIGE EMILY DUCKINSON SCHREEF?"
E. Duckinson Gedichten
"ALS IK HET LIJDEN VAN ÉÉN LEVEN ZOU KUNNEN VERZACHTEN..."
"...ALS IK ÉÉN GEBROKEN HART ZOU KUNNEN HELEN..."
"...OF EEN ZWAK ROODBORSTJE WEER IN Z'N NEST KAN HELPEN..."
SALLY, LAAT REGINALD DE AUTO VOORRIJDEN!
JA, MENEER?
RINKEL
RINKEL
"...DAN HEB IK NIET VERGEEFS GELEEFD!"

WAAR WILT U HEEN, MENEER?
NAAR HET NOORDEN, REGINALD! 'GROENE VIJVER'!
"MIJN KINDERTIJD IS NU VERVLOGEN..."
"...MAAR TOEN, DE HEUVELS OP EN AF..."
"...HIELD IK HAAR HAND STEVIG VAST..."
"...WAT DE AFSTAND KORTER MAAKTE!"
JA, MIJN KINDERTIJD IS OOK VERVLOGEN...
"...MAAR IK HERINNER ME DIE DAG NOG PERFECT!"
BANK
WAAR GAAN WE HEEN, MAMA?
PARAGUAY, LIEVERD!

HIER!
STOP HIER MAAR, REGINALD!
ZOALS U WILT, MENEER!
"WIENS VOETEN RICHTING HUIS GAAN..."
FRUSJ
FRUSJ
SLIK
"...LOOPT MET EEN LICHTERE TRED!" (EMILY DUCKINSON)

ALLES GOED, MENEER BLACK-SPOT?
ZEKER, REGINALD! WACHT HIER NOG EVEN OP ME!
"IK GA NAAR DAT HUIS OM EEN TELEFOON TE ZOEKEN!"
DIT STOND ER NIET TOEN IK KIND WAS! MISSCHIEN IS HET WEL HET HUIS VAN...
GENOEG GEFANTASEERD! BEHEERS JE TOCH, BLACKSPOT!
KLOP KLOP
OH!
BOSJES-HAAR!
STILLE SCHIM!

HMPF! NIET TE GELOVEN!
AL DIE MOEITE EN DAN VLAK VOOR DE EINDSTREEP...
SCHUIF EENS OP, DONNIE! JE KREUKT MIJN JASJE!
GPUT
GPUT
KAN NIET... SMAK! DAAR ZIT M'N NIEUWE VRIEND!
...BELT HIJ OM ALLES AF TE BLAZEN!
"WAAR HEEFT DE BAAS LAST VAN?"
"GEEN IDEE! SOMS GEDRAAGT HIJ ZICH ALS EEN KIND!"
FLOEP
FIRST NATIONAL BANK
Basil Blockspot
Einde

HET IS ZOMER! DE EEN ONTSPANT ZICH AAN ZEE...
...DE ANDER IN DE BERGEN...
...EN EEN OUDE BEKENDE VAN ONS ONTSPANT ZICH NERGENS!
VROEM
SKRIIEK
ROARR
STOP! IK WORD GEK!
CRASH
BIEP
TOOET
BIEP
VROOEM
WILLIE WORTEL
DE VERVELENDE VAKANTIE
TOET
TOET
PWÊP
VROEM
DISNEY
I TL 3371-3

MET AL DIE HITTE EN HERRIE KAN IK ME NIET CONCENTREREN!
VRRRRR
BZZZ!*
BLOK
* "IK HEB NERGENS LAST VAN!"
DE ZOMERWEDSTRIJD VOOR UITVINDERS NADERT EN IK HEB NOG GEEN IDEE!
IK ZIE DE VALSE GRIJNS VA M'N RIVAA TED SLIMB AL VOOR M
ZUCHT! IK WIL OP VAKANTIE, MAAR IK BEN PLATZAK!
GRRR! ALS IK AAN DIE VENT DENK, DAN...
SBAM
BZZZ!*
* "EH... RUSTIG AAN!"
ER IS POST!
BEDANKT, BUSTER! VAST WEER REKENINGEN EN...
WILLIE WORTEL

HUH?! EEN BRIEF VAN EEN TEVREDEN KLANT!
RATS
DE HEER WILLIE WORTEL RADERSTRAAT 11 DUCKSTAD
ALS DANK VOOR DE UITVINDING DIE Z'N LEVEN HEEFT VERANDERD, GEEFT HIJ ME...
...EEN GEHEEL VERZORGDE REIS NAAR EEN PARADIJSELIJK EILAND! WAUW!
HET PARADIJS VAN DE ZEVEN ZEEËN
ISLA PUERDIDA
HET EILAND VAN JE DROMEN
FLADDER LINES
WEET JE WAT DAT BETEKENT?
BZZZ!*
* "DAT JE ME EINDELIJK MET RUST LAAT?"
IK KAN DAAR INSPIRATIE OPDOEN VOOR DE WEDSTRIJD!
BEWAAK JIJ HET LABORATORIUM MAAR, LAMPJE! IK...

"...GA LEKKER OP VAKANTIE!"
LUCHTHAVEN CORNELIS PRUL DUCKSTAD
TJONGE! WAT IS HET DRUK OP HET VLIEGVELD!
D-E-F-G
Q-R
I-J
M-N-O-P
A-B-C
H-K-X-Y
V-W-Z
GATE 99
P
GELUKKIG IS HET BIJ MIJN GATE WEL RUSTIG! HIHI!
GEWELDIG! IK WAS AL BANG VOOR DE RIJ!
DIE ZIJN ER ZELDEN BIJ NIET-LIJNVLUCHTEN!

DAN IS DIT VAST EEN PRIVÉJET!
FLADDER LINES VOOR TOTALE ONTHAASTING
TJA... IN ZEKERE ZIN...
HIJ STAAT HIERBENEDEN!
HM... IK ZIE NIKS! STAAT HIJ ACHTER DAT OUDE, VERVALLEN VRACHTVLIEGTUIG?
SORRY... DAT IS UW VLIEGTUIG!
JAIKS!
Verroeste Bliksem
FLADDER LINES
HET IS NIET WAT IK VERWACHTTE, MAAR GELUKKIG IS HET NIET ZO DRUK!
JA, ER ZIJN WEINIG MENSEN AAN BOORD...
...MAAR HET IS WEL EEN BEESTENBOEL!

KNOR! KNOR!
ZOEF
ZOEF
BÈÈÈH!
TOK!
TOK TOK TOK
TOK?
TOK TOK
TOK!
HMPF! HAD METEEN GEZEGD DAT DIT EEN DIERENTRANSPORTVLUCHT WAS!
KWAAK
TOK
MIAUW
TOK
BÈÈÈH
KUKEL
KWAAK
IAAA
KNOR
IAAA
KNOR
IAAA
BÈÈÈH
KWAAK
TOK
KNOR
IAAA
MIAUW
KWAAK
BÈÈH

WE VLIEGEN AL UREN EN IK KRIJG GEEN MOMENT RUST!
HAP! KAUW!
?
HOE KAN IK ZO OOIT IETS UITVINDEN? EN DAN HEB IK HET NOG NIET EENS...
...OVER DE CONSTANTE TURBULENTIE!
ATTENTIE, MENEER WORTEL: UW BESTEMMING IS BEREIKT!
OEF! EINDELIJK GOED NIEUWS!
WEL VREEMD! IK ZIE GEEN LANDINGSBAAN!
DIE IS ER OOK NIET!

UW BESTEMMING HEEFT HELAAS GEEN VLIEGVELD!
HOE KOM IK ER DAN? MET EEN PARACHUTE SOMS?
KLOPT!
FRUMP
GLP!
NA DE LANDING MOET U BUS 99 NAAR DE HAVEN NEMEN!
EH... KUNNEN WE 'T EVEN RUSTIG BESPREKEN?
ZOEF
RATS
KOP OP! HET IS MAAR EEN PAAR DUIZEND METER...
Z-ZO DAPPER BEN IK HELAAS NIET!
NOODDEUR OPEN
KLUNK
IN DAT GEVAL ZAL IK U AANMOEDIGEN!
GAAT U ME MOED INPRATEN MET EEN PEPTALK?
KLAK
ZOIETS, JA!
URGH!
BAF

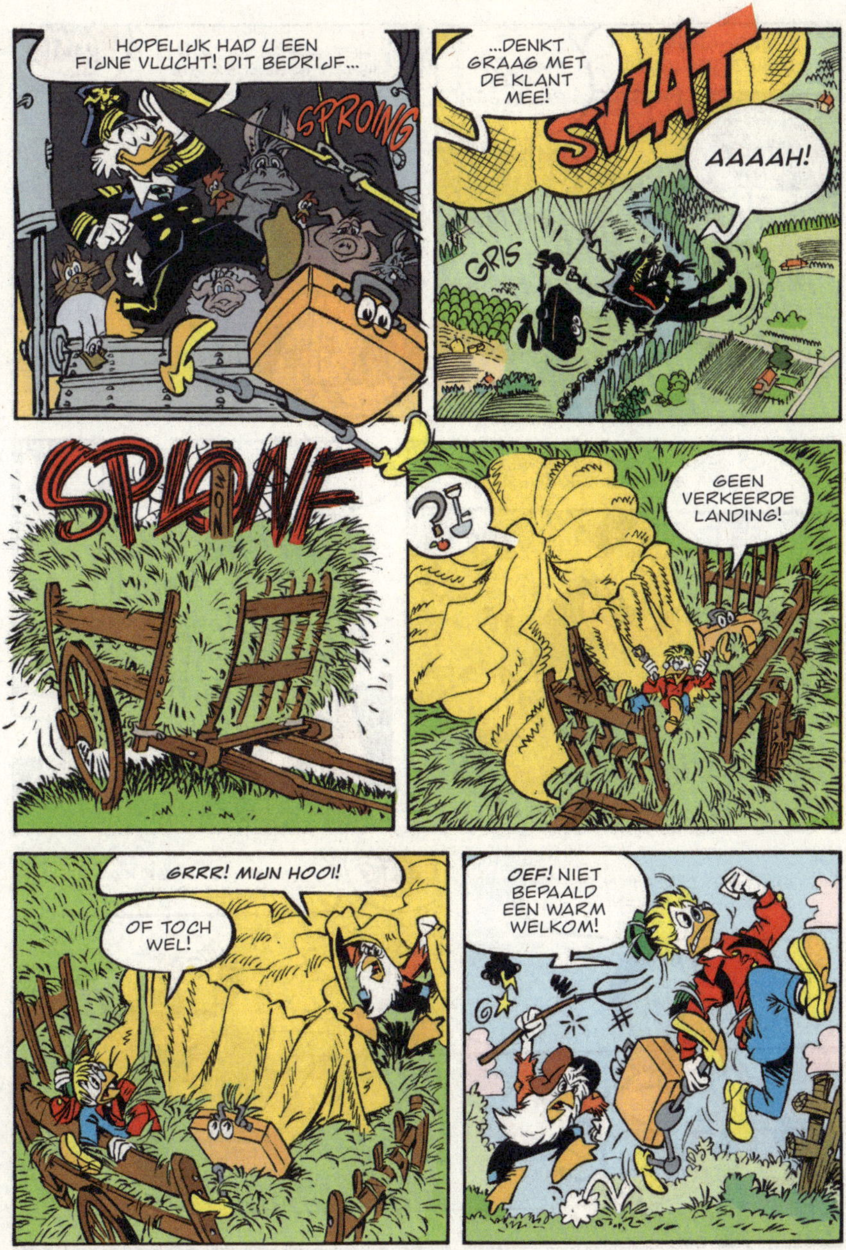
HOPELIJK HAD U EEN FIJNE VLUCHT! DIT BEDRIJF...
SPROING
...DENKT GRAAG MET DE KLANT MEE!
SVLAT
AAAAH!
GRIS
SPLOF
GEEN VERKEERDE LANDING!
GRRR! MIJN HOOI!
OF TOCH WEL!
OEF! NIET BEPAALD EEN WARM WELKOM!

EN KOM HIER NIET TERUG!
HIJG, PUF... GEEN PROBLEEM!
EIGENDOM VAN CATAPULTA DUCK
BLIJF VAN M'N LAND!
HET GOEDE NIEUWS IS DAT IK EERDER BIJ DE BUSHALTE BEN DAN VERWACHT!
HALTE
VOLGENS DE DIENSTREGELING KOMT BUS 99 HIER OVER...
...TWEE DAGEN?!
SNIK! DAN LOOP IK WEL NAAR DE HAVEN!
HALTE
ACH, HOE VER KAN HET ZIJN?

"VIJFTIEN KILOMETER, OVER DRIE STEILE HEUVELS..."
...HIJG... EN ER KWAM NIEMAND LANGS DIE WE OM EEN LIFT KONDEN VRAGEN!
NU MOET IK ALLEEN NOG DE BOOT NEMEN!
AANLEG STEIGERS
BOB'S VEERDIENST, HIER IS 'T! IK BEN PRECIES OP TIJD!
BOB'S VEERDIENST
GOEDENAVOND! WAAR MOET U HEEN?
ISLA PUERDIDA NATUURLIJK!
WAUW! U HEBT LEF!
TOOET
WAT BEDOELT U?

IK DENK DAT IK HET AL BEGIN TE SNAPPEN... AAAH!
KNETTER
TOBBE II
SLIK! IS HET HIER ALTIJD ZO STORMACHTIG?
NEE... DIT IS MAAR EEN BRIESJE!
WOOOFSSSJ
OP DE WOELIGE BAREN
IK HEB AL EEN HALF IDEETJE!
SPLATS
DE VOLGENDE DAG...
WE ZIJN ER! HET WAS BEST LEUK, HÈ?
ECHT SUPER! KREUN!
EILANDJE TOCH! WAT HEB JE ME AANGEDAAN?
GEEF MIJ MAAR DE ZEE
ISLA PUERDIDA
TUF TUF TUF

EINDELIJK! IK BEN ER!
HET PARADIJS VAN DE ZEVEN
ISLA PUERDID
HET EILAND VAN JE
NA MIJN LANGE, ZWARE TOCHT HEB IK EINDELIJK MIJN OASE VAN RUST BEREIKT...
...ARGH!
H-HOE KAN DIT? HET IS NOG CHAOTISCHER DAN DUCK-STAD!
MENEER WILLIE WORTEL, NEEM IK AAN?
ISLA PUERDI
EEN BRIEF VOOR U VAN EEN ZEKERE TED SLIMBO!
?!
WILLIE WORTEL (ALS HIJ OOIT AANKOMT)

"BESTE WILLIE, ALS JE DEZE BRIEF LEEST, IS MIJN PLAN GESLAAGD!"
"IK HEB JE DEZE VRESELIJKE VAKANTIE GEGEVEN OM JE OP DIT EILAND TE DROPPEN!"
VOLGENS MIJN BEREKENINGEN KOMT HET ENIGE VERVOERMIDDEL PAS OVER ENKELE MAANDEN LANGS...
WAT JAMMER (NIET ECHT) DAT JE NIET OP TIJD TERUG BENT VOOR DE WEDSTRIJD!
WAT EEN SCHURK! ERGER DAN DIT KAN HET NIET WORDEN!
EH... DE BEZORGING KOST VIJF EURO!
BOEHOE! WAT ERG! HAD IK DIT MAAR EERDER GEWETEN...
WAT EEN VREK! HET GAAT MAAR OM EEN PAAR CENTEN!
KNIP
WACHT EENS! BINGO!

EEN TIJDJE LATER, IN DUCKSTAD...
CONGRES GEBOUW DUCKSTAD
ZOMERWEDSTRIJD VOOR UITVINDERS
EITUNNEL
IK HAD WILLIES GEZICHT GRAAG WILLEN ZIEN!
ZONDER DIE BEMOEIAL WIN IK PROBLEEMLOOS DE EERSTE PRIJS!
DEZE PRUTSERS MET HUN DOMME PRULLETJES HOUDEN ME ECHT NIET TEGEN!
HÉ! DAT HOORDE IK!
TAP TAP
WELKOM BIJ DE ZOMERWEDSTRIJD VOOR UITVINDERS, GENIALE VRIENDEN!
DAAR GAAN WE DAN! GNA, GNA!
OOK DIT JAAR WAS ER WEER EEN UITVINDING DIE MET KOP EN SCHOUDERS BOVEN ALLE ANDERE UITSTAK...

GENOEG GEDRAALD! IK GA DE WINNAAR BEKENDMAKEN! DE ENIGE, ECHTE...
JURY
OKÉ, OKÉ! GENOEG! AL DIE COMPLIMENTJES WORDEN EENTONIG!
?!
MIJN MICROKLIMATOLOGISCHE METEOWOLK MET AFSTANDSBEDIENING IS NU EENMAAL VERBLUFFEND KNAP!
URGH!
BONK
WAT EEN EER VOOR IEDEREEN IN DE ZAAL DAT JULLIE MIJN TRIOMF MOGEN MEEMAKEN...
BIEP
KNETTER
BZZT-BZZZT
BIEP
FLITS
DRUP
DRUP
VERGEET 'T MAAR! U HEBT NIET GEWONNEN!
KLETSKOEK! WIE IS ER BETER DAN IK?
DRAAI JE MAAR OM!
D-DIE STEM...

ARGH! JIJ?!
HA DIE TED! ALLES GOED?
BZZT
ONMOGELIJK! JIJ ZIT GEVANGEN OP DAT STOMME EILAND, ZONDER VERVOER!
DAT IS INDERDAAD ZO!
BZZT
MAAR HET LUKTE ME ALLE ONDERDELEN TE VINDEN VOOR...
...DE VIDEO-CAMERAPROJECTOR WAARMEE IK NU COMMUNICEER!
SVIAT
SVIAT
WÁÁÁT?! MAAR DAN BEN JE... EEN HOLOGRAM!

BAH! NOEM JE DÁT EEN UITVINDING? WAT STELT DIT NOU VOOR?
KLOPT! DIT IS EEN NIEMENDALLETJE, EEN GADGET!
DE ECHTE UITVINDING IS DIT!
EEN SNORKEL EN DUIKHANDSCHOENEN? MPFFF!
DIE ZIJN AL UITGEVONDEN! WIST JE DAT NIET? HAHA!
GRMPF! ZE LIJKEN GEWOONTJES...
...MAAR DIT IS EEN SUPERGEAVANCEERDE VIRTUAL REALITY-UITRUSTING!
SLIK!
"IK ZAT VERSLAGEN OP HET EILAND..."
"...MAAR PLOTSELING BESEFTE IK..."
HAD IK DIT MAAR EERDER GEWETEN...
WACHT EENS! KAN IK M'N BESTEMMING NIET VOORTIJDIG BEREIKEN?
DAT WORDT NIKS MET DIE VIJF EURO!

MET MIJN UITVINDING KUN JE EEN *VOORPROEFJE* ZIEN VAN JE VAKANTIE!
"DRAAG EEN BRIL EN HANDSCHOENEN EN TOETS DE BESTEMMING IN!"
22°55'Z 68°12'W
KLIK KLIK
"DANKZIJ DE GEAVANCEERDE MICROCHIPS KUN JE DE **TEMPERATUUR** BELEVEN..."
TE HEET! NIKS VOOR MIJ!
BZZZ
...MAAR OOK GEUREN, LOKALE SMAKEN EN ZELFS...
...DE *ZACHTHEID* VAN DE HOTEL-MATRASSEN TESTEN...
GENIAAL!
UNIEK!
BRAVO!
PLOP PLOP
KLAP KLAP KLAP KLAP KLAP KLAP KLAP KLAP
...ZOALS IK NU DOE VANAF *ISLA PUERDIDA!*
GRMPF! WALGELIJK!
JURY

DAN GA IK NU DE WARE WINNAAR BEKENDMAKEN!
NIET WEER! ARGH!
SWING
RATS
PROFICIAT, WILLIE!
BEDANKT, MAAR IK WIL DE PRIJS DELEN MET TED!
HET WAS ME NOOIT GELUKT ZONDER ZIJN ONMISBARE BIJDRAGE...
PLOF
HUH?! WAT WAS DAT ?
VOLGENS MIJ WERD DE OPWINDING HEM TE VEEL!
DAT ZAT ERIN! HIJ IS NU EENMAAL HEEL GEVOELIG! HIHI!
GLOFP
BZZZ
HA! HA! HA! HA! HA!
HA! HA! HA! HA!
Veel vakantiepret!
EINDE

DE DUCKSTADKRANT PRESENTEERT:
DONALD EN DIEDERIK
HET GEHEIM VAN DE HAAI
DISNEY
HIJG... TERWIJL IEDEREEN AAN HET STRAND LIGT, MOETEN WIJ WERKEN!
OOM DAGOBERT IS GENADELOOS!
I TL 3373-1
DIT IS TOCH GEEN WEER OM EEN ENQUÊTE AF TE NEMEN!
JE HEBT GELIJK, MAAR WE WERKEN NU EENMAAL VOOR OOMS KRANT!

WELKE ZONNEBRANDFACTOR GEBRUIKT U?
A: 15, B: 30, C: 50, D: ANDERS!
GA WEG HIER!
AANTAL STRAND-BEZOEKEN PER JAAR: 10, 50, MEER, NOOIT?
HÉ! KIJK UIT!
WAT GEBRUIKT U OM AF TE KOELEN?
M'N DRANKJE!
IJSJES, COLA, SINAS OF IETS ANDERS?
GENOEG!
LAAT ONS MET RUST!
SLIK! W-WE DOEN ALLEEN MAAR ONS WERK!
HÉ! WE ZIJN NOG NIET KLAAR!
MAAR ZIJ ZIJN KLAAR MET ONS!
GRIJP ZE!
GRRR!

HIJG!
HIERHEEN!
GLOEP! EN NU?
HET IS EEN DUIKPLANK, DUS ER ZIT MAAR ÉÉN DING OP!
GRRRR!
SKRIEK
MAAR IK HEB HOOGTE-VREES!
DAAR HAD JE EERDER AAN MOETEN DENKEN!
BOING
SPLATS
SPLUT! HET LEVEN VAN EEN JOURNALIST GAAT NIET OVER ROZEN!
ONZE ENQUÊTE IS ECHT IN HET WATER GEVALLEN!
KOM, WE HOUDEN HET VOOR GEZIEN!

EN ZO...
ZON, ZEE, STRAND! WAT WIL JE NOG MEER?
MOET JE KIJKEN!
AAN 'T WERK, LUILAKKEN!
VRRRRRRRRR
GLP!
SLIK!
ZOU DAT VOOR ONS BEDOELD ZIJN?
WELNEE, STOM TOEVAL...
IK HEB 'T TEGEN JULLIE!
ARGH!
HET IS OOM DAGOBERT!
VERSTOP JE!
GRAAF
GRAAF

RENNEN!
GRAAF
HUH?
WAT GRAPPIG!
POK
POK
DIE ZAND-SCULPTUUR LIJKT OP OOM DAGOBERT!
'DIRECTEUR', GRAAG!
AAAH! EEN PRATENDE ZANDSCULP-TUUR!
NEE! HET IS MIJN TELEFOON!
NIETSNUTTEN! IK BETAAL JULLIE NIET...
PLOP
...OM TE LANTERFANTEN!
EH... OVER GELD GESPRO...
GEEN ARTIKELEN, GEEN GELD! ONTHOUD DAT NOU EENS!
GLP!

ER GEBEURT HIER NIKS OM OVER TE SCHRIJVEN!
HELEMAAL NIKS! ZUCHT!
MISSCHIEN MOETEN WE DAAR IETS OVER SCHRIJVEN!
HMPF! KAN HET NÓG SAAIER?
EH... VAST WEL!
IK HEB EEN BETER IDEE, DIEDERIK!
WE GAAN ZELF VOOR NIEUWS ZORGEN!
OH JA?
Beach BAR
EN? WAT VIND JE ERVAN?
ALS JIJ JEZELF BELACHELIJK WILT MAKEN... GEWELDIG!
€ 1,-

LUISTER! IK GA ALS HAAI VERKLEED HET WATER IN, JAAG IEDEREEN DE STUIPEN OP HET LIJF EN DAN HEBBEN WE EEN SCOOP!
GLP! HOE KOM JE EROP?
WEET JE ZEKER DAT DIT EEN GOED IDEE IS?
DIT PLAN IS WATERDICHT... ER KAN ECHT NIKS MISGAAN!
KASSA
EVEN LATER...
ONZE LEZERS HOUDEN VOLGENS MIJ WEL VAN EEN BEETJE SENSATIE! HIHI!
MAAK JE KLAAR OM FOTO'S TE MAKEN! IK DUIK ERIN!
BOING
SPLATS
HIHI!

NOG EEN PAAR METER EN...
!!!
HEEELP! EEN... EEN HAAI!
VRRRRRRRRRR
STRANDWACHT! POLITIE! BRANDWEER!
W-WAT IS ER?
SPLATS SPLATS
SPLATS
HIJG... EEN G-GIGANTISCH... HIJG... M-MONSTER!
WAT VOOR MONSTER PRECIES?
BOING BOING

HIJG... M-MET WEL H-HONDERD... NEE... D-DUIZEND VLIJMSCHERPE TANDEN!
HMM... GEEN IDEE WAT HET KAN ZIJN!
IK HEB EEN HAAI GEZIEN!
DAAR TRAP IK NIET IN, NEEF! IK ZIT IN HET COMPLOT, WEET JE NOG?
NEE, DIEDERIK, EEN ECHTE HAAI! HIJ WAS WEL VIJF METER LANG!
!!!
LATER...
EEN VIJF METER LANGE HAAI, ZEG JE? HIER IN DUCKSTAD?
IK HEB HEM MET M'N EIGEN OGEN GEZIEN!
EN? WILLEN JULLIE DE VOORPAGINA OF EEN SPECIALE EXTRA EDITIE?
WAT DENKT U?

IK DENK DAT DIT DE GROOTSTE ONZIN IS DIE JULLIE OOIT HEBBEN GESCHREVEN!
GLP!
MAAR...
ER KOMEN HIER LANGS DE KUST AL DECENNIALANG GEEN HAAIEN MEER VOOR!
MAAR IK...
DE DUCKSTADKRANT IS EEN SERIEUZE KRANT! KOM TERUG MET EEN SERIEUS ARTIKEL!
KOP OP, NEEF! HOU DE MOED ERIN!
KREUN!
WE GAAN BEWIJZEN DAT JE GELIJK HEBT EN DAN HALEN WE DE VOORPAGINA!
MAAR... HOE?
IK HEB TOEVALLIG EEN HEEL GOED IDEE!
IK LUISTER!

EEN TIJDJE LATER, BIJ DE BAAI...
DEZE MINI-ONDERZEEËR IS PERFECT!
EN HIJ LIJKT OOK NOG EENS OP EEN VIS!
ZO VALLEN WE IN ELK GEVAL MINDER OP!
HIHI!
SWISJ
WE VINDEN DIE HAAI BINNEN DE KORTSTE KEREN...
HOU DE VOORPAGINA MAAR VRIJ, OOM DAGOBERT!
NIET VEEL LATER...
MOMPEL... GEEN HAAI TE BEKENNEN, DONALD...
DAT KAN NIET!
EEN MONSTER VAN VIJF METER IS NIET TE MISSEN, DUS...
HIJ MOET HIER ERGENS ZIJN!

LATEN WE ER MAAR MEE STOPPEN! DIT HEEFT GEEN ZIN!
VERTEL JIJ DAN AAN OOM DAGOBERT DAT WE GEEN NIEUWS HEBBEN?
...
HAHA! DAT DACHT IK OOK!
A-ACH... A-ACHTER JE...
HUH?
D-DE... HAAI!
SLIK!
HIJ IS ENORM!
SNEL! LATEN WE HEM VOLGEN!
SPLATS
SPLATS
GLP! HIJ HEEFT HET OP DIE ZWEMMER GEMUNT!
OKÉ! WE MOETEN DAT MONSTER AFLEIDEN!

HOPELIJK WERKT HET! JA-HOEOE!
VRRRRRRRRR
!!!
GELUKT!
GLP! MAAR NU KOMT HIJ ACHTER ONS AAN!
GRRR!
HEEELP!
MAMA! KIJK DAAR!
!
SPLATS
SPLATS
SPLATS
SPLATS
M-MAAR DAT IS...
EEN HAAI!
EEN HAAI?
DAAR!
ALARM!
OPZIJ!
GA HET STRAND AF!
WEGWEZEN!

SLIK!
HIJ HAALT
ONS IN!
W-WE
KUNNEN
ECHT NIET
SNELLER...
GRRR!
AAAH!
POK
GLP!
KABAM
WAK!
OEF..
WAT 'N
KLAP!
DE HAAI IS
VERDWENEN!
DUCKSTAD KRANT
EEN ENORME HAAI
RAAST LANGS ONZE KUST
CODE ROOD!

OOM DAGOBERT MOEST TOEGEVEN DAT JE *GELIJK* HAD!
JA, DAT IS WAAR, MAAR...
...ER VALT *WEINIG* TE VIEREN!
IEDEREEN IS *WEG!*
DIT IS EEN RAMP!
JA! VANWEGE DIE HAAI DURFT *NIEMAND* MEER TE KOMEN!
EN GEEF ZE EENS ONGELIJK!
IEDEREEN GAAT NU NAAR *GANSVOORT AAN ZEE!*
ZUCHT! EN WIJ ZIJN ONZE BRON VAN INKOMSTEN KWIJT!

TROOS-TELOOS, HOOR!
ZELFS DE BOULEVARD IS UITGESTORVEN!
ALLEMAAL VANWEGE EEN UIT DE KLUITEN GEWASSEN...
KIJK!
DAAR IS-IE WEER!
GRRR! NU KOMEN ER HELEMAAL GEEN BADGASTEN MEER!
IK BEN HET ZAT... IK...
HÉ! WAAR IS-IE NOU?
HIJ... HIJ IS VERDWENEN!
DAT IS ONMOGELIJK!

SNAP JIJ ER WAT VAN?
MISSCHIEN IS DAAR EEN GROT!
313
ZO'N GROTE HAAI KAN TOCH NIET ZOMAAR VERDWIJ... OEI!
GAAT HET?
POK
HUH?! WAT IS DAT NOU?
HMM... EEN LUIK!
MIJN INSTINCT ZEGT DAT DIT LUIK IETS VERBORGEN HOUDT!
LATEN WE BENEDEN EEN KIJKJE NEMEN!
SKRIEK
KIJK UIT WAAR JE LOOPT!
MAKKELIJK GEZEGD...
TONK
AU!
HUH?!

IK ZAG DIE BUIS NIET!
HÉ! DAAR BRANDT LICHT!
MOET JE DAT ZIEN!
ONGELOOFLIJK!
WAUW! DIT VERHAAL WORDT STEEDS MYSTERIEUZER!
HET LIJKT WEL EEN ONDERGRONDS LABORATORIUM!

KIJK! HET WATER BEGINT TE BORRELEN!
ER KOMT IETS AAN!
BLUB
VERSTOP JE!
DOE IK!
ZOFF
WOOESSJ
DE HAAI?!
HET MOET NIET GEKKER WORDEN!
HM... HIER KLOPT IETS NIET, DONALD!
JA! WAT DOET DIE HAAI IN EEN MODERN LABORATORIUM?
KIJK!
KLAK-SSHHHHH

HAHA! ZAG JE DIE ANGSTIGE GEZICHTEN, MAX?
JA, DAT WAS LACHEN, JEF!
SHHHH
"HELP! RED ONS!"
HAHA! ZE WAREN DOODSBANG!
ZOFF
GEEN MENS GAAT NU NOG NAAR HET STRAND VAN DUCKSTAD...
HIHI!
NEE... NIEMAND ZAL HIER NOG DURVEN ZWEMMEN!
GLOEP! Z-ZIE JE DAT, DIEDERIK?
DIE HAAI IS HARTSTIKKE NEP!

DE ROBOTHAAI WAS EEN GENIAAL IDEE!
ZE GAAN NU ALLEMAAL NAAR ONS STRAND TOE... EN GEVEN DAAR HUN GELD UIT!
NU SNAP IK HET! WAT EEN SCHURKEN!
HIER KOMEN ZE NIET MEE WEG!
WE GEVEN ZE EEN KOEKJE VAN EIGEN DEEG!
DIT IS HET MOMENT OM ONZE PRIJZEN TE VERDRIEDUBBELEN...
...EN RIJK TE WORDEN! HIHI!
FRRRR FRRRR FRRRR
FRRRFRRRR
KLIK
SGNAK
ARGH!
GLP!
HELP! DE ROBOTHAAI VALT ONS AAN!
AU! HADDEN WE DIE TANDEN NOU MAAR VAN RUBBER GEMAAKT!

EN ZO...
...ZE WAREN UIT OP ONZE BADGASTEN EN HUN GELD!
WEET JE WAT? WE GEVEN ZE EEN CEL GEVEN MET UITZICHT OP HET STRAND!
GRRR!
DUCKSTAD KRANT
DE MECHANISCHE HAAI RAAST NIET MEER!
CODE GROEN!
ALLE BADGASTEN ZIJN TERUG EN HET GELD STROOMT WEER BINNEN!
EIND GOED, AL GOED!
EN DIE ROBOTHAAI KON IK NOG HEEL GOED GEBRUIKEN!

IK BEN REUZEBENIEUWD!
JA! IEDEREEN HEEFT HET EROVER!
DAAR IS-IE! DE NIEUWE HAAIENATTRACTIE!
Pretpark DD
HET IS DE TOERISTISCHE TREKPLEISTER VAN DIT MOMENT!
WAUW! HIJ IS ECHT GAAF!
EN EVEN VERDEROP...
DANKZIJ DE HAAIENATTRACTIE ZIT HET STRAND VAN DUCKSTAD WEER BOMVOL BADGASTEN!
WE BEVINDEN ONS AAN BOORD VAN DE PEKEL-HARING...
...VOOR EEN REPORTAGE OVER ONZE MOEDIGE KUSTWACHTERS!

HEEFT U EEN GEVAARLIJK BEROEP, KAPITEIN?
DE MENSEN HEBBEN DE WILDSTE IDEEËN OVER WAT WE DOEN...
...MAAR EERLIJK GEZEGD IS HET VOORAL WACHTEN, WACHTEN EN NOG EENS WACHTEN!
BEHALVE EEN ROBOTHAAI HIER EN DAAR GEBEURT ER WEINIG!
HAHA! DIE IS GOED!
HIHI!
EINDE

HET
VAKANTIE-
HANDBOEK
GOEDE REIS,
Mickey
ALS JE EEN REIS WILT MAKEN, IS HET GOED EERST TE BEDENKEN WAAR JE HEEN WILT!
ALS JE EEN IDEE HEBT, WORDT DE KEUS UITEINDELIJK BEPAALD...
HIER GAAN WE HEEN!
...DOOR JE VRIENDIN!
GLP!
DAAR GAAN WE HEEN!

I TL 2434-3

MAAR ALS JE TWIJFELT, KUN JE NAAR EEN DESKUNDIGE GAAN...
ECHT! IN DIT JAARGETIJDE IS GROENLAND EEN DROOM!
BIJ DERTIG GRADEN ONDER NUL?
...OF BIJVOORBEELD VOLDOENDE FOLDERS VERZAMELEN...
PUF! HIJG!
TOPO TOURS
€10
...EN DAN THUIS RUSTIG BESLISSEN!
JE BENT EIGENWIJS!
PFFT! MOET JIJ ZEGGEN!
MICKEY MOUSE
MAAR HET IS ALTIJD EEN MAGISCH MOMENT ALS DE KEUS IS GEMAAKT!
VENETIË

HET IS DAN TIJD OM TE CONTROLEREN OF JE PASPOORT NIET IS...
...VERLOPEN! SLIK!
PASPOORT
EEN VERLENGING KOST EEN KORT BEZOEKJE AAN HET GEMEENTEHUIS...
AANVRAAG PASPOORTEN
IK BEN EERST!
NEE, IK!
...HET GEVEN VAN WAT PERSOONLIJKE GEGEVENS...
LOKET 1
DE NAAM VAN M'N OVERGROOTMOEDER?
HEB IK NODIG!
...EN DE ONVERMIJDELIJKE PASFOTO!
FLITS
FOTO
VERMIJD AUTOMATEN ALS JE NIET FOTOGENIEK BENT...
SLIK!
...MAAR OOK PERFECTIONISTISCHE FOTOGRAFEN!
MEER TROTS IN UW BLIK!

DE RESULTATEN ZIJN ALTIJD TELEUR-STELLEND...
LOKET 1
HIHI! WAT EEN FOTO!
GRMPF!
...MAAR JE KRIJGT TÓCH JE PASPOORT!
TONK
NU MOET JE NOG DE GESCHIKTE KLEREN VOOR JE REISDOEL KIEZEN...
VIND JE DIT NIET WAT OVERDREVEN?
NEE, HOOR! HET STAAT JE ENIG!
...DIE IN KOFFERS VAN DE JUISTE MAAT WORDEN GEPAKT...
GNNN!
...ALLEEN HET STRIKT NOOD-ZAKELIJKE GAAT MEE!
SLIK!

HET IS GOED OM JE VIA BOEKEN EN ANDER MATERIAAL TE INFORMEREN OVER JE BESTEMMING...
IK HEB ME BEDACHT! WE GAAN NAAR DE MALEDIVEN!
EN DAT ZEG JE NU?
VUURLAND
PLAY
...OF VRAAG HET AAN VRIENDEN...
ALS JE EEN GIFSLANG TEGENKOMT, GRIJP JE 'M ZO!
SLIK!
...EN ANDERE EXPERTS!
ALS JE EEN BANDIET TEGENKOMT, GRIJP JE 'M ZO!
OH! ALS 'N SLANG!
ATTENTIE! EXOTISCHE OORDEN VEREISEN SPECIALE VOORZORGEN...
HIJG... NA ELKE MAALTIJD NEEM JE EEN VAN DEZE PILLEN!
...EN ER ONTBREKEN DINGEN DIE JE ZÉLF MOET MEENEMEN!
DE HOOGTEZON? MAAR WE GAAN NAAR DE SAHARA!
NOU EN? HET KAN REGENEN...

ENIGE NERVOSITEIT VOOR JE VERTREK IS NORMAAL...
KLOK! KLOK!
MAAR NA EEN GOEDE NACHTRUST BEN JE WEER KALM!
AAARGH! DE WEKKER IS NIET AFGEGAAN!
UITEINDELIJK BEN JE RUIM OP TIJD IN DE VERTREKHAL EN NA DE VASTE PROCEDURES...
HIHI! WAT EEN FOTO!
WANNEER GAAT DE VLUCHT?
OVER DERTIG SECON-DEN!
CHECK IN
SLIK! IS HET GAS UIT?
GLP! M'N PAS IS VERLOPEN!
OH NEE! DE KOFFERS VERGETEN!
GLP! 'T VERKEERDE TOESTEL!
...KUN JE ONTSPANNEN EN ONBEKOMMERD GENIETEN VAN EEN ONVERGETELIJKE REIS!
OEI! IK HAD MOETEN BOEKEN!
EINDE

JAREN GELEDEN SPEELDEN TWEE JEUGDTEAMS TEGEN ELKAAR BIJ EEN BUURTCLUB...
MJAM
CHOCO
SLURP
GEEF DIE BAL AF, BOB!
MEER BALBEZIT! KOM OP, TEAM!
DIE JONGEN AAN DE BAL IS MIJN ZOON!
SCHREEUW LIEVER DAT HIJ MIJN KLEINZOON NIET MAG PASSEREN!
I TL 3374-3

VOORUIT, JONGENS! DRUK ZETTEN!
HIER!
PASS NAAR TED! NU!
ALS IK HARD SCHIET, KAN IK SCOREN!
BAF
POK
NEEE!

VOOR DE ZOVEELSTE KEER, DONNIE! JE KUNT HARD SCHIETEN, MAAR JE MOET NOG WERKEN...
...AAN JE TECHNIEK EN SPELINZICHT!
J-JA, COACH!
GRMPF! WE HEBBEN NU ECHT ONZE WINSTKANS VERSPEELD!
DAVY KWAAK WAS NOG NIET ZO LANG GELEDEN ZELF EEN TOPSPELER!
IK MOET BETER NAAR HEM LUISTEREN!

DONALD DUCK
DE KAMPIOEN VAN HET STRAND
VANDAAG, OP EEN STRAND BIJ DUCKSTAD...
WAT EEN DRUKTE!
ER IS 'N TEQBALL-WEDSTRIJD, EEN NIEUWE SPORT!
BUMP
EN ONZE OOM IS DE BESTE!
JIJ MOET OOK GAAN SPORTEN, OSCAR!
IK TRAIN M'N KAKEN AL, ADA!
KOM KIJKEN!
!

BAF
PUNT VOOR DONALD!
TONK
WAUW! SPECTACULAIR, HOOR!
EEN COMBI VAN VOETBAL EN PINGPONG!
DE REGELS ZIJN SUPERSIMPEL! DE BAL MOET OVER HET NET...

...EN OP DE HELFT VAN JE TEGENSTANDER STUITEREN!
NOG EEN PUNT VOOR DONALD!
BAF
HOPPA!
TOK
JE MAG JE HELE LICHAAM GEBRUIKEN, BEHALVE JE ARMEN EN HANDEN!
EN MAXIMAAL DRIE KEER!
GAAF!
FWIIET
BRAVO!
WAT EEN KAMPIOEN!
ACH, JA!

WAAR KOMT UW PASSIE VOOR TEQBALL VANDAAN?
IK BEN DOL OP VOETBAL EN DE ZEE...
BIJ DEZE SPORT KAN IK BEIDE COMBINEREN... MOOI TOCH?
SUPER!
U WAS VANDAAG IN VORM, OOM!
BAR
IEDEREEN APPLAUDISSEERDE VOOR U!
ZEKER!
KLAP
KLAP KLAP

NIET TE GELOVEN! U... JIJ BENT DAVY KWAAK, MIJN VOETBALTRAINER VAN VROEGER!
IK ZAG JE NET SPELEN! WAT EEN SPEKTAKEL!
LANG NIET GEZIEN, COACH!
VEEL TE LANG, DONALD!
PATS
IK WOON IN DUCK BEACH... NET ALS JIJ SPEEL IK OOK AL JAREN TEQBALL EN BEST OP EEN HOOG NIVEAU!
IK SPEEL IN DE KUSTCOMPETITIE EN HOORDE DAT JIJ HIER DE BESTE BENT... DAAROM BEN IK LANGSGEKOMEN!
HIHI! LEUK, HOOR! EN NU WIL JE NATUURLIJK OVER VROEGER PRATEN!

JA! MAAR IK KOM EIGENLIJK VOOR IETS ANDERS!
IN DUCK BEACH IS ELK JAAR EEN TEQBALL-TOERNOOI IN DRIE RONDEN...
...VOOR DUO'S! WIE TWEE OF MEER PARTIJTJES WINT, KRIJGT EEN FLINKE GELDPRIJS!
DAT KLINKT LEUK!
WIL JIJ DIT JAAR EEN DUO MET MIJ VORMEN?
ECHT WAAR?!
JAZEKER! HEB JE ER ZIN IN?
GA MAAR VAST JE KOFFERS PAKKEN, JONGENS! WE GAAN BINNENKORT OP SPORTAVONTUUR!
HAHA!

DAGEN LATER, IN DUCK BEACH...
PUNT VOOR DAVY EN DONALD!
KRAK CHIPS
VROEM VROEM

ZE STAAN GELIJK!
NOG EEN PAAR MINUTEN! NU MOET HET GEBEUREN!

HOP!
BUMP

NU JIJ, DONALD!
GOEIE PASS, DAVY!
BUMP
BAF
BONK
GLP! WAT HARD!
LOS!
LOS!
BOING

PUNT VOOR DONALD EN DAVY!
FWIIET!
HET IS VOORBIJ! OOM EN DAVY WINNEN!
WAUW! DAT WAS SUPERSPANNEND!
JA! DANKZIJ JOUW GOEIE SPEL HEBBEN WE GEWONNEN!
JULLIE WAREN GEWELDIG!
TOCH KAN HET SAMENSPEL NÓG BETER, VIND JE NIET?
DAT IS WAAR!
MAAR MORGEN IS WEDSTRIJD TWEE... DAN WINNEN WE GEWOON WEER!

MAAR...
PUNT VOOR KUIK EN STRUIF!
BONK
DAVY IS NIET IN VORM!
HIJ MIST ALLE BELANGRIJKE BALLEN!
HET VERSCHIL TUSSEN DE TEAMS WORDT TE GROOT!
CHOCO
FWIET
KUIK EN STRUIF WINNEN!
HOERA!

SORRY, DONALD! IK WAS ECHT NIET IN VORM...
JE WAS MISSCHIEN NOG MOE VAN DE WEDSTRIJD VAN GISTEREN!
MANAGER
MAAK JE NIET DRUK! ALLES KAN NOG... HET GAAT MORGEN VAST BETER!
DAVY BAALT VRESELIJK VAN ZICHZELF!
MORGEN MOET IK M'N KOP ERBIJ ZIEN TE HOUDEN!

VERLIEZEN IS NOOIT LEUK! OF WEL, KWAAK?
BAREND BLUF! KUN JE JE NIET BETER OP JE EIGEN TEAM CONCENTREREN?
DAT DOE IK OOK! IK BEN TOEVALLIG EEN HEEL TOEGEWIJDE MANAGER!
GRMPF! IK WIL ALLEEN ZIJN...
IK STEEL MAAR EEN PAAR MINUTEN VAN JE TIJD...
...NET ZOALS IK JOUW TROFEE VOOR SPELER VAN HET JAAR HEB GESTOLEN!
SPELER VAN HET JAAR
DAVY KWAAK
WÁÁÁT?!

VOOR ONS HANGT ALLES AF VAN JULLIE WEDSTRIJD VAN MORGEN... DIE JIJ MOET GAAN VERLIEZEN!
HAHA! DAN IS DIE AANZIENLIJKE GELDPRIJS VOOR MIJ!
GRRR! SCHURK!
"IK WEET DAT JE AAN DIE TROFEE GEHECHT BENT, OMDAT JE HEM KREEG IN HET JAAR DAT JE STOPTE MET VOETBALLEN OM TRAINER TE WORDEN!"
SPELER VAN HET JAAR
DAVY KWAAK
JE WEET NU WAT JE MOET DOEN!
GRMPF! IK LAAT ME NIET CHANTEREN!
SPELER VAN HET JAAR
DAVY KWAAK
KIES MAAR: DEZE TROFEE OF HET TOERNOOI!
SPELER VAN HET JAAR
DAVY KWAAK
HIJ GEEFT GEEN VAN BEIDE OP!
G-GLOEP!

IK ZOU MET DAVY GAAN TRAINEN, MAAR HIJ KWAM NIET! DE JONGENS EN IK BEGONNEN ONS ZORGEN TE MAKEN...
...DUS GINGEN WE OP ZOEK... EN TOEN HOORDEN WE JE BEDREIGING!
GRMPF!
HOU JE ERBUITEN, KRIELTJE!
BAF
WAK!
PLONS
WAT EEN GLUIPERD! MAAR DIT PIK IK NIET!
HIJ IS TE VER WEG! VERGEET HET MAAR!

ALS JE GOED WILT WORDEN, MOET JE BEHALVE KRACHT OOK OVER SPELINZICHT EN *TECHNIEK* BESCHIKKEN!
JE HEBT GELIJK, DAVY!
BAF
TONK
POK
AAH!
SOMMIGE LESSEN BLIJVEN JE ALTIJD BIJ!
EN ZO...
KIJKT U EENS, MENEER KWAAK!
HOERA!

IK BEN JE HEEL DANKBAAR!
JIJ HEBT ME GOED GETRAIND!
EN NU... GAAN WE HET TOERNOOI WINNEN!
DE VOLGENDE DAG SPELEN DONALD EN DAVY EEN WERELDWEDSTRIJD!
OOM DONALD EN DAVY ZIJN VEEL BETER!
ZE HEBBEN NU EEN FLINKE VOORSPRONG!
JIJ!

HOPPA!
BAF
NEEE!
FWIET
HOERA! ZE WINNEN HET TOERNOOI!
GEFELICITEERD! JULLIE ZIJN EEN GEWELDIG TEAM!
TIJD VOOR DE PRIJS-UITREIKING!

BRAVO!
WAT EEN TEAM!
DUCK BEACH TEQBALL TOERNOOI
PRIJSUITREIKING
HIER IS HET PRIJZENGELD! JULLIE HEBBEN HET VERDIEND!
DE HELFT IS VOOR JOU!
NEE, DAVY! JIJ MAG HET HOUDEN!

MIJN BELONING WAS HET SAMEN-SPELEN MET MIJN TRAINER VAN VROEGER!
ECHT?
JE BENT EEN ECHTE KAMPIOEN GEWORDEN, DONALD... EN EEN SUPEREEND!
HOPPA!
BAF
GOOOAL!
BEDANKT, COACH!
HAHA!
EINDE

Het Vakantie-Handboek
GOOFY
NIET IEDEREEN WIL EEN VAKANTIE VOL VERMAAK!
HET CULTURELE UITSTAPJE
KOEK & ZOPIE
I TL 2438-3
SOMMIGEN WILLEN OOK IETS LEREN...
ZIJN ER REIZEN GEWIJD AAN DE LATE GOTIEK?
NATUURLIJK!
...EN SOMMIGEN MOETEN GEWOON MEE!
DUS WE GAAN ECHT NIET NAAR ZEE?
'T WORDT VAST HEEL LEUK, OOM!

DE DEELNEMERS AAN ZULKE REIZEN ZIJN VAAK EEN BIJ ELKAAR GERAAPT ZOOTJE...
GOEDENDAG, PROFESSOR REBUS!
AANGENAAM! PROFESSOR OMNIBUS!
PROFESSOR CURRICULUM! GAAT U OOK MEE?
MAAR JE MAAKT WEL SNEL VRIENDEN...
WAT BESTUDEERT U PRECIES?
KRUISWOORD-PUZZELS!
...EN VOERT GESPREKKEN OP NIVEAU!
...IK HEB EEN POTJE MET VET...
EN ZO ARRIVEER JE SAMEN IN 'T HISTORISCHE DORP...
WEG MET DIE RAMMEL-KAST!
HAD JE 'T TEGEN MIJ? KOM 'NS HIER!
PWEP-PWEP
ROARRR
PWEP

JE BEGINT MET EEN BEZOEK AAN HET MUSEUM...
GESLOTEN
...EN AAN EEN GALERIE...
ALERIE
MMMPF!
KALM, KARELTJE!
GESLOTEN
EN DAARNA GA JE, GEWAPEND MET DE ONMISBARE KAART, DE STAD VERKENNEN!
KAART? HOEZO, KAART?
WAT BEDOEL JE MET "WE ZIJN VERDWAALD"? JIJ BENT DE GIDS!
HELP!
VERDWAALD? GEEFT NIKS! GEWOON IEMAND VRAGEN...
...EN JE VINDT DE WEG ZO WEER TERUG!
HEEELP!

NATUURLIJK GA JE DE BELANGRIJKSTE MONUMENTEN AF...
DEZE FONTEIN IS GEBEELDHOUWD DOOR MAC ARONI...
HÉ! EEN SCHEEPSMODEL GEMAAKT VAN LUCIFERS!
...EN JE KOOPT EENS EEN SOUVENIR...
HIJG! PUF!
SOUVENIRS
...DAT DOOR LOKALE VAKLIEDEN IS GEMAAKT!
zuiver nagemaakt marmer
BIJ EEN CULTUREEL UITSTAPJE HOORT OOK GASTRONOMIE!
OM TE BEGINNEN RAAD IK U DE TOAST MET TOMAAT EN KNOFLOOK AAN!
HOERA! MIJN IDEE VAN EEN VAKANTIE!

MAAR LET OP DAT JE NIET AL TE VEEL EET...
TJOMP... EET JE VERDER NIKS?
IK HOU 'T GRAAG MAGER EN LICHT!
...ANDERS KRIJG JE PROBLEMEN!
AAH! OH!
'T WAREN VAST DE OLIJVEN!
EN NA 'T VERPLICHTE BEZOEK AAN HISTORISCHE PLAATSEN...
IK STA PAF!
IK STA PERPLEX!
IK HEB 'T KOUD!
RUÏNES
CATACOMBEN
...EN PLEKKEN VOL NATUURLIJKE SCHOONHEID...
SLIK!
...RIJD JE NAAR 'T HOTEL, VERRIJKT MET CULTUUR EN KENNIS!
HOOFDSTAD VAN ENGELAND! ZES LETTERS! HA! PARIJS!

MAAR NA VERLOOP VAN TIJD...
GEEN RUÏNES MEER!
GAAP!
EN ZOALS EEN WIJS MAN BEGRIJPT...
WAT VIND JE ERVAN ALS WE... PSSST...
GOED IDEE, OOM!
...IS HET HET BESTE OM HET NUTTIGE MET HET AANGENAME TE COMBINEREN!
HET FORT WERD VIJF EEUWEN GELEDEN GEBOUWD! NA VEEL STROOPTOCHTEN VAN PIRATEN GING... BLA, BLA...
FIJNE VAKANTIE, ALLEMAAL!
EINDE

Katrien Duck
HETZELFDE STRAND DEZELFDE ZEE
JE HEBT TOCH WEL EEN HIPPE STRANDBLOES, HÈ?
I TL- 3379-3
OH JA... EN VERGEET NIET TE TANKEN!
NOU... EH...

WÁT?! IS HET WEER ZOVER?
S-SORRY! IK MOET MET OOM DAGOBERT MEE!
GRRR! DIT HAD IK KUNNEN WETEN!
GRMPF! ZO GAAT HET NOU ALTIJD...
BLIEP
ZUCHT... DONALD GAAT LIEVER OP AVONTUUR MET Z'N OOM DAN MET MIJ NAAR ZEE...

HM... MAAR IK KAN WEL...
BLIEP
Weekendje naar Zilt aan zee?
ZEE ZEE
TIK TIK
KATRIEN
Weekendje naar Zilt aan zee?
ZEE ZEE
LIZZY
WAUW!
BLIEP
KATRIEN
Weekendje naar Zilt aan zee?
LIZZY
WAUW!
JUULTJE
WE ZIJN AL 3 JAAR NIET GEWEEST
BLIEP
LIZZY
WAUW!
JUULTJE
WE ZIJN AL 3 JAAR NIET GEWEEST
BABETJE
WANNEER GAAN WE?!
BLIEP

TIJD VOOR DE ZOMERPLAYLIST, MEIDEN!
♪ GA MET ONS MEE... NAAR EEN NIEUW STRAND EN EEN NIEUWE ZEE! ♫
VROOEM
OVER NIEUW GESPROKEN... ZOU STRANDPAVILJOEN ZILT AAN ZEE VERANDERD ZIJN?
EN ZOUDEN DE HUISJES NOG HETZELFDE ZIJN?
SMAK! EN DAN DIE LEKKERE ZELFGEMAAKTE IJSJES!

HM... HET IS SUPERDRUK OP DE BOULEVARD!
DE RESERVERING WAS VOOR TWEE...MAAR WE ZIJN MET Z'N VIEREN!
IK KEN SARA ZILT, DE MANAGER, GOED! ZE VINDT VOOR ONS WEL EEN EXTRA PARASOL EN STOELEN!
ZIE JE? WE HEBBEN ZELFS GELUK MET PARKEREN!
ZILT AAN ZEE

SNUIF... IK RUIK DE ZEE AL!
WAKKERDEWAK
LT AAN ZEE
SLIK! TOEN IK HOOPTE DAT ER NOG PLEK WAS... HAD IK NIET OP ZO VEEL PLEK GEREKEND!
GA MET ONS MEE NAAR...

...EEN NIEUW STRAND EN EEN NIEUWE ZEE!
DAAR IS SARA!
WAT LEUK, MEIDEN... MAAR IK HAD *DONALD* OOK VERWACHT!
IK OOK...
IK BEN ECHT HEEL BLIJ JULLIE TE ZIEN!
WAT IS ER GEBEURD?!
SNIK! MIJN STRAND IS HELAAS NIET MEER *TRENDY!*
DE TOERISTEN WILLEN *MODERNE* VOORZIENINGEN... SPORTSCHOLEN, ZWEMBADEN, RESTAURANTS, SAUNA'S...

EN DAT HEB IK ALLEMAAL NIET...
IK DACHT DAT JE AAN ZEE MOEST GENIETEN VAN... DE ZEE!
"MAAR DAT KLOPT BLIJKBAAR NIET..."
OEF!
UW ZEEWIERMELK MET GEMBER!
DIT WORDT HIER VAST M'N... LAATSTE ZOMER!
IK ZIT DIEP IN DE SCHULDEN! ALS ER NIKS GEBEURT, MOET IK ECHT SLUITEN!
WÁÁÁT?!

LATER...
ZUCHT! IK MOET STEEDS AAN SARA DENKEN...
EIGENLIJK ZOU ALLES HIER GEMODERNISEERD MOETEN WORDEN!
JA... DE MENSEN MOETEN DIT STRAND WEER COOL VINDEN!
EN ALS WE TOCH EEN WEEK BLIJVEN...
OKÉ! IDEETJES?

DE VOLGENDE DAG...
WE ZIJN NET TERUG VAN ONS KAMP...
"...EN WE KOMEN ERAAN!"
MOMPEL...
HÉ! DENKEN JULLIE WAT IK DENK?
LUISTER! DEZE KUST STAAT BEKEND OM DE BANAANVISSEN DIE HIER VOORKOMEN!
WE ZOUDEN ONDERWATER-EXCURSIES KUNNEN ORGANISEREN OM ZE TE BEKIJKEN!
WAUW!
HUH?

VRRRRR
HIHI! ZE BOFFEN DAT IK IN DE BUURT WAS DANKZIJ EEN GEWONNEN REISJE!
IK STEL EEN LOTERIJ VOOR!
JA! IEDEREEN DIE EEN PARASOL HEEFT GEHUURD, DOET MEE!
HM...
VRRR
EN IK LEVER DE PRIJZEN! WE VERLOTEN ALLES WAT IK DE AFGELOPEN MAAND HEB GEWONNEN!
DAN BEN IK OOK BLIJ, WANT IK WEET NIET MEER WAAR IK HET MOET LATEN!

¡JOEHOE!
MISSCHIEN WIL WILLIE ONS OOK HELPEN!
DIEDERIK NAM OP...
HIJ WAS BIJ WILLIE OM HEM... EH... TE ASSISTEREN!
EN HIJ BIEDT OOK Z'N HULP AAN!
HIJ HEEFT EEN CURSUS GEVOLGD EN WIL DE ZWEMMERS DE 'EENDENSCHROEFSLAG' LEREN!
WAAROM NIET? EN NU HET PROGRAMMA VOL IS...

"...MOETEN WE ALLEEN NOG RECLAME MAKEN!"
ZILT AAN ZEE IS VERNIEUWD!
BANAANVISSEN? DIE WIL IK AL JAREN ZIEN!
WAUW! DE 'EENDENSCHROEFSLAG' WIL IK OOK KUNNEN!
DIE LEERT BIJNA NIEMAND MEER!
HÉ, TRUUS! DIT STRAND HEEFT EEN LOTERIJ! GAAF, HÈ?

ZILT AAN ZEE
WISTEN JULLIE DAT ONZE ZWEMLERAAR EEN NEEF VAN DAGOBERT DUCK IS?
IS DE ZWEMCURSUS ECHT BIJ DE PRIJS INBEGREPEN?
ONZE ATTRACTIES ZIJN ZO ORIGINEEL DAT ZE OPVALLEN!
HET IS IN JAREN NIET ZO DRUK GEWEEST!
DENK EROM! GEEF DE BANAANVISSEN GEEN ETEN EN STOOR ZE NIET!

BLUB, BLUB!
BLUB!
BLUB!
KLIK
BLUB?
BLUB!
BLUB, BLUB...
BLUB, BLUB!
BLUB!

INTUSSEN, OP HET STRAND...
ATTENTIE! DE EERSTE WINNAAR VAN DE GELUKSLOTERIJ...
...IS PARASOL NUMMER...
RITSEL
DRIE... DRIE... DRIE...
FLATS
FLATS
FLATS

GLP!
TSJAK
OEPS...
DAT BEN IK! HET GELUK ACHTERVOLGT ME!
NIET TE GELOVEN...
HUH?
HMPF!
ATTENTIE!
NUMMER 8 DEED NIET MEE... WE HADDEN HEM ERUIT MOETEN HALEN EN TREKKEN NU EEN NIEUW NUMMER!
KLAP
KLAP
KLAP
HOERA!

DE CURSUS VAN DIEDERIK IS OOK EEN SUCCES...
KWAAK! KWAAK! KWAAK!
HEEL GOED! HET GEHEIM VAN DE 'EENDENSCHROEFSLAG' IS KEIHARD KWAKEN!
HUH?!
KWAAK! KWAAK! KWAAK!

KWAAK! KWAAK! KWAAK!
SSST! IETSJE ZACHTER, JONGENS!
IS ER EEN PROBLEEM, MENEER?
JULIUS ARTIX, GALERIEHOUDER GESPECIALISEERD IN MODERNE KUNST! WAT WAS DAT... EH... WATERIGE GEKWAAK?
IK WIL UW VOORSTELLING OOK IN MIJN KUNSTGALERIE!
WAUW!

NA DE ZWEMLES...
HIJG! BEST HEET OP HET STRAND...
PUF! HADDEN WE MAAR IETS FRIS!
URGH! WAAROM HEBBEN WE DAT NIET BEDACHT?
RUSTIG MAAR... IK KOM AL!
ZELF-GEMAAKTE IJSJES!
SMAK!
SLURP!

HADDEN JULLIE DIT VORIGE WEEK GEDACHT?
IK HOOPTE ER WEL OP!
DEZE ZOMER GA JE MEE... NAAR HETZELFDE STRAND, DEZELFDE ZEE!
JULLIE IDEEËN WAREN SUPERGOED!
NEEM DIT FEEST NOU! IEDEREEN IS ENTHOUSIAST!
HIHI! EIGENLIJK...
"...BEDACHTEN ZIJ 'T!"

AAARGH!
DUS HIER ZITTEN JULLIE! EN IK MAAR SCHATTEN ZOEKEN...
DONALD! KOM IN M'N ARMEN!
EN WAT DOE JIJ HIER?
EH... IK HEB M'N DRIEJAARLIJKSE HALVE DAG VAKANTIE OPGENOMEN, MENEER!
EN TROUWENS... WE ZIJN AAN HET WERK!
OM TE VOORKOMEN DAT HET STRAND VAN SARA ZILT FAILLIET GAAT!

KATRIEN... IK HEB *TWEE* DETAILS WEGGELATEN...
DE DEADLINE IS *VANDAAG*...
EN DE SCHULDEISER IS... *DAGOBERT DUCK!*
WAT ZEGT U?!
DE *MINUTEN* VAN ZILT AAN ZEE ZIJN GETELD... TOCH?
GRMPF!
BOEOE!
ACH... IK HEB GEEN *HAAST!* IK GA EERST EVEN ZWEMMEN, HOOR!
WAK!

SPLATS
SPLATS
SPLATS
SPLATS
OOM DAGOBERT DENKT... AAN VROEGER!
HIJG! PUF!
JE ZWEMLES IS VOORBIJ! KOM MAAR EEN IJSJE HALEN!
AH! DAT WAS HEERLIJK...
GEEF ME GAUW MIJN BADJAS! TIJD IS GELD!

HIER IS DE OPBRENGST VAN DEZE WEEK... MAAR HET IS NIET GENOEG!
HM...
BAH!
BOEOE!
ZOALS AFGESPROKEN... KRIJGT U M'N STRANDPAVILJOEN!
HM... IK ZAL ME NIET MISDRAGEN TEGENOVER HET NICHTJE VAN DEGENEN DIE ME HIER...
...HEBBEN LEREN ZWEMMEN, ZODAT IK OPTIMAAL VAN HET DUIKEN IN HET GELD VAN MIJN PAKHUIS KON GENIETEN!

JE SCHULD IS KWIJTGESCHOLDEN! EN OMDAT M'N FAMILIE ZO VAN DEZE PLEK HOUDT, GEEF IK JE TIEN PROCENT VAN DIT STRANDPAVILJOEN!
WAUW!
EN OM HET TE VIEREN, STEL IK VOOR...
...DAT WE SAMEN GAAN ZWEMMEN!
U BENT GEWELDIG, OOM!
EINDE

HET VAKANTIE-HANDBOEK
KAREL PAARDEPOOT
DE DOE-HET ZELF-CAMPING
DE EEN DROOMT HET HELE JAAR VAN VAKANTIE!
I TL 2436-3
ANDEREN NEMEN ALLEEN VAKANTIE...
KAPOTTE KRAAN, ZEGT U? IK BEN ER OVER TIEN MINUTEN!
...ALS ER GROF GEWELD BIJ KOMT KIJKEN...
NEE! NIET OP VAKANTIE!
HET IS VOOR JE EIGEN BESTWIL, KAREL!
REPAREER ALLES

VOOR HEN IS ER NIETS BETERS DAN KAMPEREN!
WAUW! HAD EVEN GEZEGD DAT IK HIER MOCHT BOUWEN!
WE WILDEN JE VERRASSEN!
DE TENT MOET IMMERS OPGEZET WORDEN...
WE ZETTEN 'M HIER!
...EN DAT LEVERT ALTIJD STRIJD OP!
NEE! HIER IS BETER!
IN ZO'N GEVAL IS HET VERSTANDIG OM EEN COMPROMIS TE SLUITEN!
GRMPF!
OEF! HOU OP MET MOKKEN EN HELP ME LIEVER!
GRMPF!

HET OPZETTEN VAN DE TENT IS BEST LASTIG...
OEI! HIER KLOPT NIETS VAN!
...EN MOET WORDEN OVERGELATEN AAN DE EXPERT!
JA, DEZE DINGEN MOET JE LOGISCH AANPAKKEN!
EEN WERK-TEKENING? MOET DAT ECHT?
ALLEEN DAN BEN JE ZEKER VAN EEN PERFECT RESULTAAT!
MIJN SCHULD IS HET NIET! DE HANDLEIDING ONTBRAK!
HIHI!
MMPF!
ALS DE TENT STAAT, KOMT HET ETEN AAN BOD...
WIE ZOU DE BLIKOPENER MEENEMEN?
EH...
...EN DAN HOU JE HET EENVOUDIG!
YUK! MIJN SPECIALITEIT!
EEN BROODJE MET BROOD?

EN NA EEN VERKWIKKEND DUTJE...
HERRIEMAKERS!
RRRONK ZZZ
ZZZ
...BESLIS JE SNEL WAT JE GAAT DOEN!
EVEN DENKEN! WE KUNNEN...
OF WE ZOUDEN...
OF... EH...
EEN LANGE WANDELING IS ALTIJD LEUK TIJDENS HET KAMPEREN!
WELKE KANT MOETEN WE NU OP?
GEEN IDEE! HIJ WEET DE WEG!
IK?! IK DACHT DAT JIJ HET WIST!
JE KUNT OOK PADDENSTOELEN GAAN ZOEKEN!
SLIK!
OF JE BESTUDEERT DE NATUUR!
ZACHTJES! ANDERS SCHRIKT HIJ!

MAAR JE KUNT OOK DINGEN DOEN DIE MOEILIJKER ZIJN...
KOP OP! WE ZIJN BIJNA BOVEN!
KLAPPER! KLAPPER!
WIE HEEFT ER WEER HOOGTE-VREES?
...OF UITDAGENDER!
BURP!
EN WIE ZIJN ER WEER ZEEZIEK?
EN NA ALLE ELLENDE...
WAT DOEN WE NU?
TJA!
ACH...
...WORDT DE STEMMING ER NIET BETER OP!
TOE, KAREL! ZEG EENS IETS!

MAAR HET LEVEN ZIT VOL VERRASSINGEN...
WEET IEMAND HOE JE DIT REPAREERT?
IK!
...EN DAARUIT BLIJKT MAAR WEER...
MAAKT U OOK FIETSEN?
NATUURLIJK! GEEF MAAR HIER!
...DAT JE SOMMIGEN NIET TOT EEN ÉCHTE VAKANTIE KUNT DWINGEN!
EEN BEETJE GEDULD! U WORDT ZO GEHOLPEN!
ACH, HIJ IS BLIJ...
KAREL REPAREERT ALLES
EINDE

"JA, HOOR! HIJ HEEFT ME VOOR DE ZOVEELSTE KEER AFGETROEFD!"
"DUS VISTE IK WEER ACHTER HET NET!"
DUCKSTADKRANT
"MAAR DEZE KEER..."
"...IS HET AFGELOPEN!"
ROCKERDUCK
HET STRAND VAN DE WRAAK
I TL 3375-2

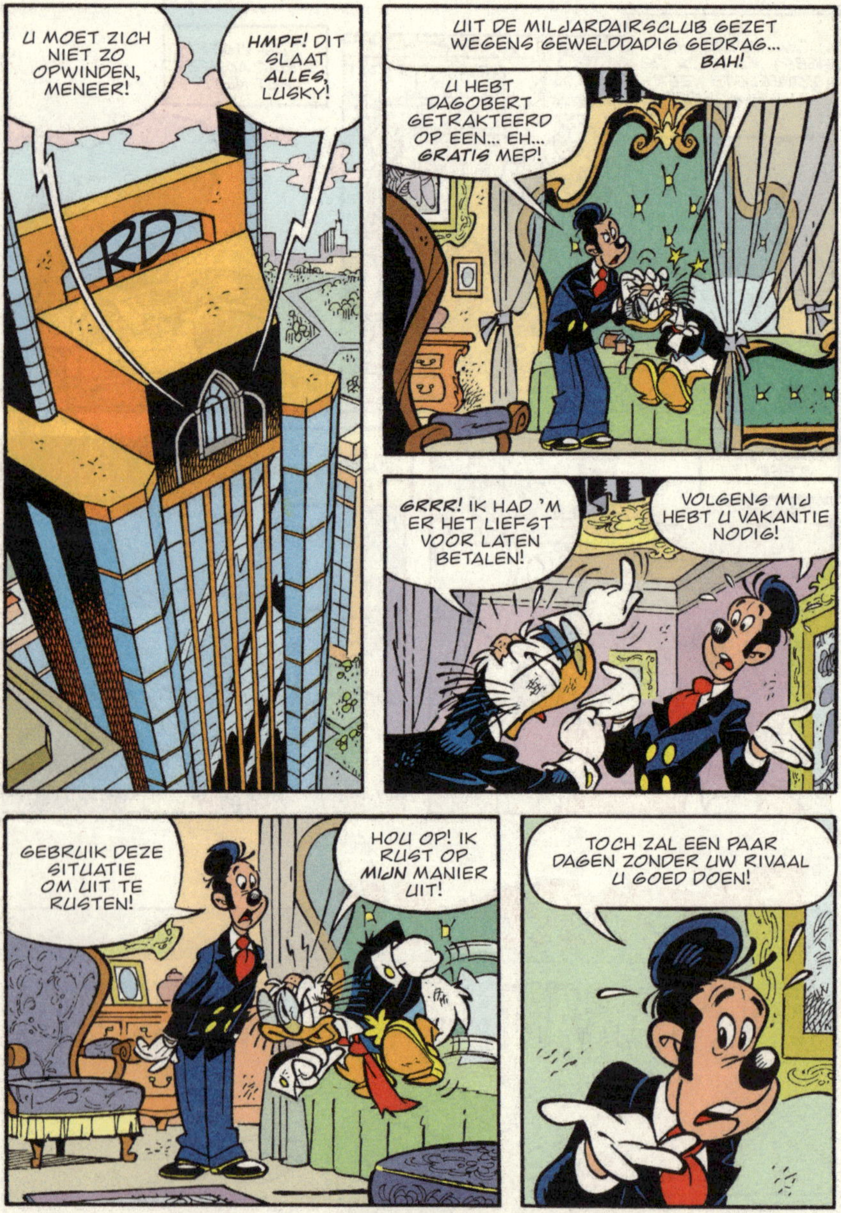
U MOET ZICH NIET ZO OPWINDEN, MENEER!
HMPF! DIT SLAAT ALLES, LUSKY!
UIT DE MILJARDAIRSCLUB GEZET WEGENS GEWELDDADIG GEDRAG... BAH!
U HEBT DAGOBERT GETRAKTEERD OP EEN... EH... GRATIS MEP!
GRRR! IK HAD 'M ER HET LIEFST VOOR LATEN BETALEN!
VOLGENS MIJ HEBT U VAKANTIE NODIG!
GEBRUIK DEZE SITUATIE OM UIT TE RUSTEN!
HOU OP! IK RUST OP MIJN MANIER UIT!
TOCH ZAL EEN PAAR DAGEN ZONDER UW RIVAAL U GOED DOEN!

ZAL IK JOU WAT VERTELLEN, LUSKY?
IK LAAT M'N HUMEUR NIET MEER VERPESTEN DOOR DIE MOTTIGE HOGE HOED!
GOED GESPROKEN, MENEER!
PATS
IK GA OP M'N JACHT UITWAAIEN!
JACHT? GAAT U EEN ZEEREISJE MAKEN?
JA! ER IS EEN KUSTPLAATS... HOE HEET-IE OOK WEER?
KLIK
"GANSVOORT! DE IDEALE PLEK OM TE ONTSPANNEN, ZEGGEN ZE!"
RD

"KRISTALHELDER WATER, GOUDEN STRANDEN..."
"...EN VOORAL, HET IS DAAR TE DUUR VOOR IEMAND DIE IK KEN!"
HIHI!
"JA... IK ZAL HET HIER NAAR M'N ZIN HEBBEN!"
BOEHOE! SNIK!
HUH? WAT ZOU ER ZIJN?
RD
HÉ, JIJ DAAR! WAAROM HUIL JE ZO?
MIJN ROBOT IS IN ZEE GEVALLEN!
IK KAN 'M NIET MEER VINDEN... SNIK!

IS DAT ALLES? IK REGEL 'T!
ZOALS JE ZIET HEEFT MIJN JACHT EEN HIJSKRAAN!
OH! WAAR IS DIE VOOR?
IK HEB HEM LATEN INSTALLEREN VOOR HET OPVISSEN VAN SCHATTEN...
"...MAAR IEMAND WAS ME ALTIJD TE SNEL AF! GRMPF!"
HALLO, AMATEURTJE!
GRRR!

HEB JE HEM DAAR VERLOREN?
JA! SNIK!
VRRRR
DAN GA IK NU DE BODEM AFZOEKEN...
PLONS
...MET BEHULP VAN SONAR!
DAAR IS-IE! SNELLER DAN IK DACHT!
OOOH!
IK HEB MIJN ROBOT TERUG! U BENT GEWELDIG!
ACH, HET WAS NIETS!
VOOR MIJ BENT U EEN HELD!

IK VERTEL HET IEDEREEN! DANK U!
GRAAG GEDAAN, HOOR!
RD
"IK EEN HELD? NIEMAND HEEFT ME OOIT ZO GENOEMD!"
"LUSKY HAD GELIJK! BIJ DAGOBERT UIT DE BUURT ZIJN DOET ME NU AL GOED!"
"MISSCHIEN IS DIT HET BEGIN VAN IETS..."
PLOF
"...NIEUWS EN MOOIS!"

ZO IS 'T NIET GOED!
DOE JIJ HET DAN!
HUH?
WAT IS ER AAN DE HAND? IK PROBEER ME TE ONTSPANNEN!
HET LUKT ONS NIET EEN MOOI ZANDKASTEEL TE BOUWEN!
EN ZO WINNEN WE DE SCULPTUURWEDSTRIJD NIET DIE OVER DRIE DAGEN WORDT GEHOUDEN!
DUS... DAG, GOUDEN BEKER! ZUCHT!
EEN GOUDEN BEKER? HMM...
"ZOU IK VOOR HET EERST IN EEUWEN IETS KUNNEN WINNEN?"
WACHT! WIE HOU IK VOOR DE GEK?
"IK BEN DE EEUWIGE VERLIEZER!"

"WÉÉR VERLIEZEN? NEE! IK DOE NIET MEE!"
HÉ, MENEER!
OH! BEN JIJ 'T?
NOGMAALS BEDANKT VOOR HET OPVISSEN VAN M'N ROBOT! U WAS FANTASTISCH!
HIJ VISTE HEM IN EEN PAAR SECONDEN UIT HET WATER!
WAUW!
U LIJKT ME HEEL HANDIG! DOE OOK MEE AAN DE WEDSTRIJD!
IK... IK WEET NIET...
ALLE BOLHOEDEN NOG AAN TOE! IK DOE 'T!

RD
VILLA ROCKERDUCK
KIJK 'NS WAT MOOI, OSCAR!
FANTASTISCH, JONGEHEER! MAAR HET IS NU TIJD OM TE GAAN ETEN!
WACHT... NOG ÉÉN DING...
ZIEZO!
VIND MAAR IEMAND DIE BETER IS DAN IK!
ONMOGELIJK! U BENT ÉCHT...

"...DE NUMMER ÉÉN!"
HIHI! IK BEN HET NA AL DIE JAREN NIET VERLEERD!
WAUW! U KUNT ER WAT VAN!
IN DE WEDSTRIJD GAAT 'T NOG BETER!
KIJK! DAT LIJKT HET PAKHUIS VAN DAGOBERT DUCK WEL!
KLOPT! WEET JE WAAROM IK 'T HEB GEBOUWD?
HIEROM! GNA, GNA!
SPLATS
SPLATS
HAHA! GRAPPIGE KEREL!
EN OOK HEEL GETALENTEERD!

MAG IK EEN SELFIE MET U MAKEN?
HUH? MAAR...
LEER MIJ EEN KASTEEL BOUWEN!
MIJ OOK! MET EEN GRACHT!
EERST EEN HANDTEKENING! IK VERZAMEL HANDTEKENINGEN VAN ALLE GROTE ARTIESTEN!
GLP!
ALS DIT EEN DROOM IS, MAAK ME DAN NIET WAKKER!
"IK WORD DOOR IEDEREEN BEWONDERD! DIT IS ECHT MIJN BESTE VAKANTIE OOIT!"
"WIE KAN DIE NOG VERPESTEN?"

KIJK EENS AAN! GANS-VOORT!
WELKOM IN GANSVOORT
GOEDENDAG! MAG IK U IETS VRAGEN?
NATUUR... OH! U BENT...
...DE BEROEMDE DAGOBERT DUCK!
SPLUT! UCHE!
"NEE! D-DAT KAN NIET!"
IK WIL ME INSCHRIJVEN VOOR DE ZANDKASTEEL-WEDSTRIJD!
IK LAS IN EEN GEVONDEN KRANT DAT ER EEN GOUDEN BEKER TE WINNEN IS...
"IS DIT EEN GRAP? WAAR ZIJN DE TV-CAMERA'S?"

U KUNT ZICH DAAR INSCHRIJVEN! U BENT NOG OP TIJD!
MOOI ZO!
INSCHRIJVINGEN ZANDKASTEELWEDSTRIJD
HET KAN NIET MOEILIJK ZIJN! IK HEB DECENNIALANG GEOEFEND MET BOUWSELS VAN MUNTEN!
...
URGH! GRMPF! GROM! DIT IS HET TOPPUNT!
W-WAT DOET U?
IK EET, ZIET U DAT NIET? SMAK...
HMPF! NET NU IK M'N ZELFVERTROUWEN TERUG HEB, KOMT HIJ!

DIT MAG NIET! IK VERDIEN EEN OVERWINNING!
POK
WAS ER MAAR EEN MANIER OM... WACHT 'NS!
EEN LANGE RIJ, HÈ? IK HEB NOG WEL TIJD OM NAAR M'N JACHT TE GAAN!
AAN BOORD HEB IK EEN HELEBOEL SPULLEN VOOR VERKLEEDFEESTEN! HIHI...
HIER IS HET INSCHRIJF-FORMULIER!
DANK U! DE WEDSTRIJD ZAL HEEL GAUW BEGINNEN!
IK GA M'N PLEK INNEMEN...
NIETS AAN TE DOEN, PARTNER! GEEN SCHAT...

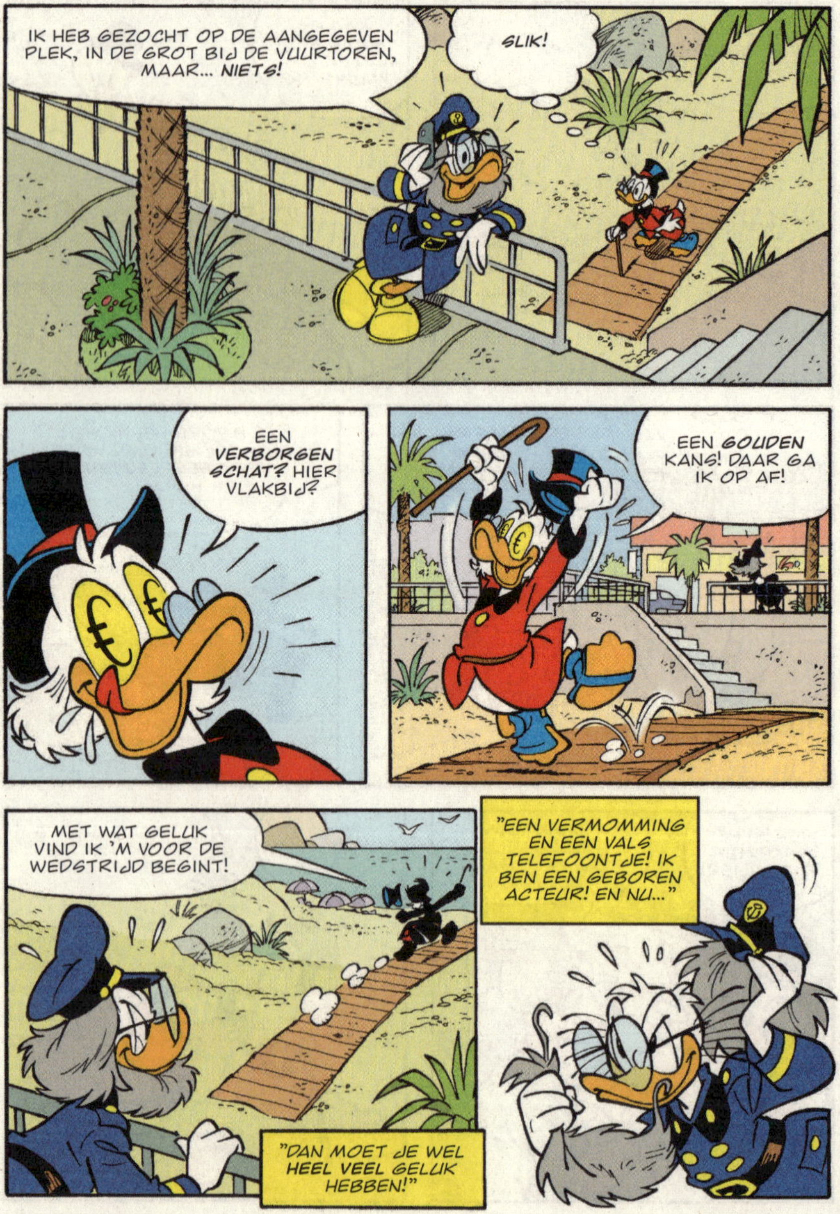
IK HEB GEZOCHT OP DE AANGEGEVEN PLEK, IN DE GROT BIJ DE VUURTOREN, MAAR... NIETS!
SLIK!
EEN VERBORGEN SCHAT? HIER VLAKBIJ?
EEN GOUDEN KANS! DAAR GA IK OP AF!
MET WAT GELUK VIND IK 'M VOOR DE WEDSTRIJD BEGINT!
"DAN MOET JE WEL HEEL VEEL GELUK HEBBEN!"
"EEN VERMOMMING EN EEN VALS TELEFOONTJE! IK BEN EEN GEBOREN ACTEUR! EN NU..."

"...NAAR HET STRAND!"
WE ZIJN NU HALVERWEGE DE TIJD, MENSEN!
IK WIL DIE BEKER!
ZONDER DAGOBERT KAN IK WINNEN!
ROCKERDUCK IS EEN MYTHE! VAN HEM WINNEN WE NOOIT!
"TSK! WAT EEN AMATEURS!"
"ALLES MOET GOED GAAN... TENMINSTE VANDAAG!"
HET WORDT EEN MEESTER-WERK...
OEPS!
DRUP

OH NEE!
KREUN! EEN STORTBUI!
WAT EEN RAMP!
WEG HIER!
SCHUILEN!
OEF! WAT JAMMER!
SORRY, MENEER ROCKERDUCK... DE WEDSTRIJD IS AFGELAST!
M-MAAR IK...
"...KAN HET NIET GELOVEN!"

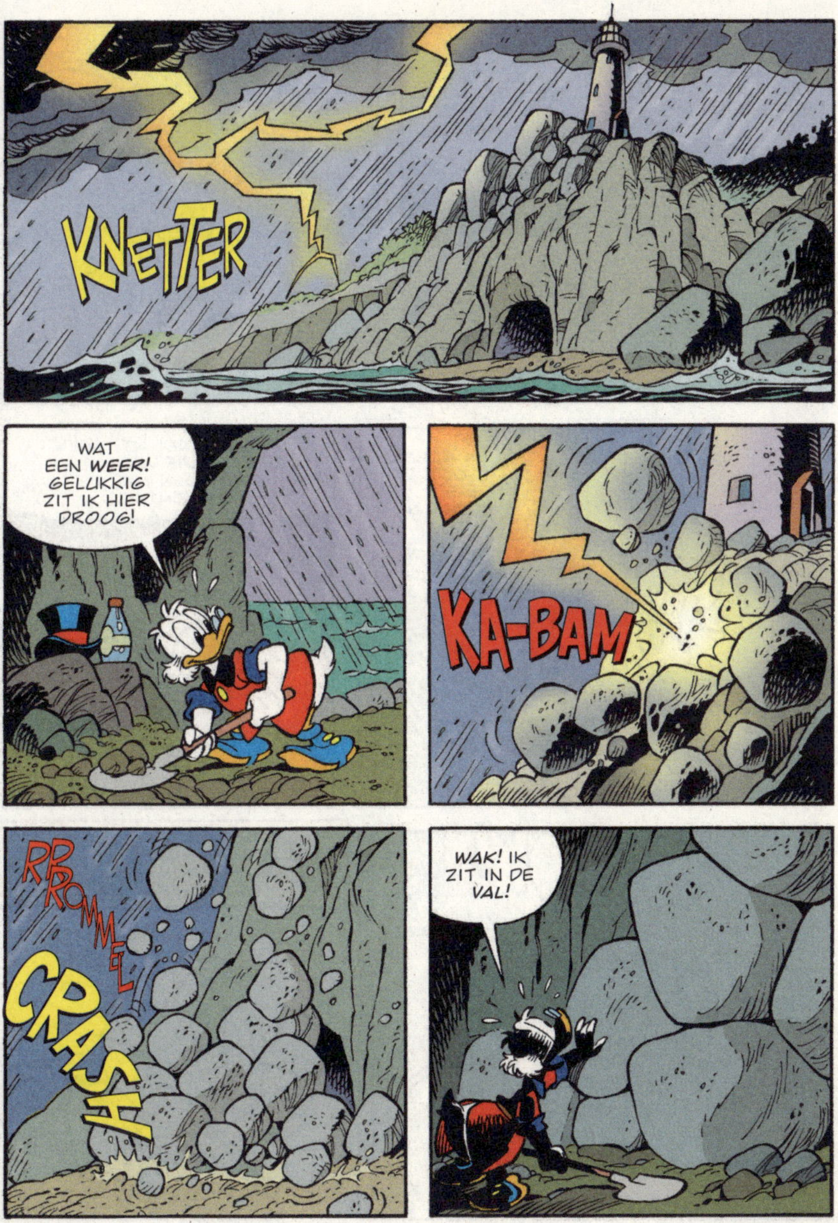
KNETTER
WAT EEN WEER! GELUKKIG ZIT IK HIER DROOG!
KA-BAM
RRROMMEL
CRASH
WAK! IK ZIT IN DE VAL!

EEN AARD-VERSCHUIVING HEEFT DE GROT GEBLOKKEERD!
OH! IK HEB DAGOBERT DUCK ER NAAR BINNEN ZIEN GAAN!
KIJK 'NS AAN! EINDELIJK GOED NIEUWS!
HOE BEDOELT U?
GLP! WAT DOE JIJ HIER?
IK SCHUIL VOOR DE REGEN, NET ALS U!
GA JE GANG! INTUSSEN GENIET IK! DIE VREK HEEFT GEKREGEN WAT HIJ VERDIENT EN...
...EN...
ZON
"DIE TELEURGESTELDE BLIK! DAT IS DE GROOTSTE VERNEDERING IN AL DIE JAREN VAN NEDERLAGEN!"

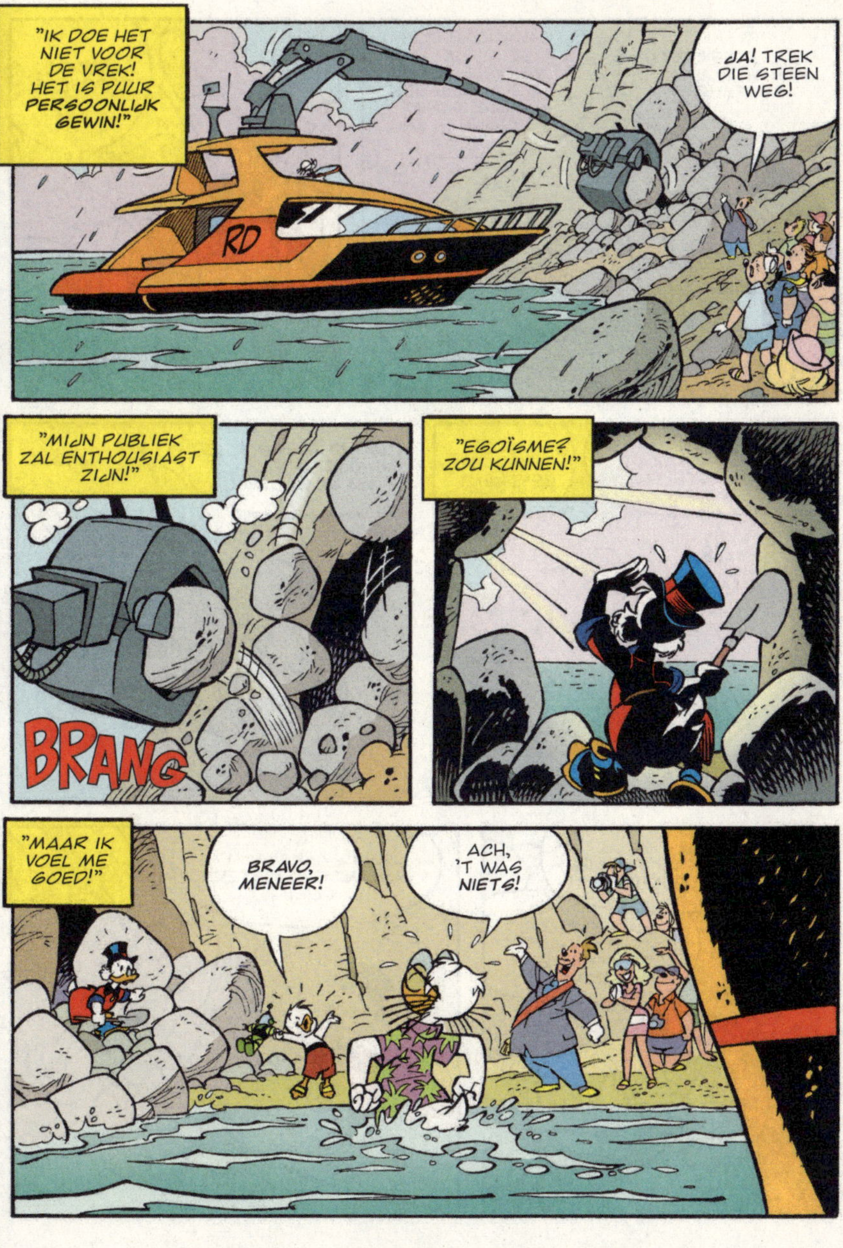
"IK DOE HET NIET VOOR DE VREK! HET IS PUUR PERSOONLIJK GEWIN!"
JA! TREK DIE STEEN WEG!
"MIJN PUBLIEK ZAL ENTHOUSIAST ZIJN!"
BRANG
"EGOÏSME? ZOU KUNNEN!"
"MAAR IK VOEL ME GOED!"
BRAVO, MENEER!
ACH, 'T WAS NIETS!

HEB JIJ HIER IETS MEE TE MAKEN, AMATEUR?
WAAROM DOE JE ALTIJD ZO VERVELEND? IK HEB ALLEEN EEN VALSE SCHAT VERZONNEN EN...
WAT?!
OEPS! IK BEDOELDE...
DE REGEN IS VOORBIJ, MAAR DE ZANDKASTELEN ZIJN WEG!
GLP! DUS DAT BETEKENT...
...DAT DE WEDSTRIJD IS UITGESTELD TOT VOLGEND JAAR!
ARGH!
DAN KUN JIJ GAAN OEFENEN OM DE TWEEDE PRIJS TE WINNEN!
WACHT MAAR! JIJ GAAT IN 'T ZAND BIJTEN, KRENT!
EN NU GA IK VAN M'N VAKANTIE GENIETEN! DOEI!

"EN ZO WAS HET! IK HEB ME VERMAAKT TOT AAN DE DAG VAN MIJN VERTREK!"
TRALALA, TRALALI...
MENEER! MENEER!
BEN JE DAAR WEER? HEB JE NIETS BETERS TE DOEN?
IK WILDE U ALLEEN GEDAG ZEGGEN!
GOED DAN... DAG!
EN IK WIL LATER NET ZO WORDEN ALS U!
EEN GOEIE RAAD: ZOEK EEN BETER VOORBEELD!
M-MAAR...

IK BEN NIET DE HELD WAAR JE MIJ VOOR HOUDT! IK BEN EEN RIJKE *OPLICHTER!*
U WAS HIER GEWELDIG... DAAR HEB IK GENOEG AAN!
MIJN NAAM IS JACK DRAKE, MAAR IEDEREEN NOEMT ME *J.D.!*
WAT *TOEVALLIG!*
IK HEET *JOHN DAVISON* ROCKERDUCK! TOEN IK KLEIN WAS, WERD IK OOK *J.D.* GENOEMD!
TOT ZIENS, *J.D.!*
IK HOOP 'T, *J.D.!*
"MAAR IK MOET EERLIJK ZIJN..."
"...IK BEN ECHT GOED IN HET BOUWEN VAN ZANDKASTELEN!"
EINDE

SUPERDONALD
DE MEESTER VAN HET VUUR

IK HEB EEN SPECIALE UITVINDING NODIG!
'SPECIALE'? EEN BOOR OM GATEN IN WATER TE MAKEN? OF EEN...
...TANDELOZE KAM VOOR KALE MENSEN?
OF EEN POCKETSLOEP VOOR WEEKENDJES OP DE RIVIER? HET GAAT EROM WAT JE ERMEE WILT DOEN!
HET GAAT OM EEN TUINFEEST!
IK WIL MET IETS BIJZONDERS AANKOMEN!
HM... DAN HEB IK IETS VOOR JE!
KIJK!
SPRINGVEER-LAARZEN, ZOALS DIE VAN SUPERDONALD?

NEE! ZE ZIJN VEEL SPECIALER!
PASSEN ZE?
PERFECT! MAAR WAT IS ER ZO BIJZONDER AAN?
DAT MERK JE ZO! KOM, WE GAAN NAAR BUITEN!
EN?
IK VIND ER NIKS SPECIAALS AAN...
GA VOORZICHTIG OP JE TENEN STAAN!
ZO?
ELEKTRONEN-STRAAL
FRRR
FRRR

HEEELP! WAT GEBEURT ER?
SFROETSSJ
TSK! WAT ZEI IK NOU? VOORZICHTIG!
AAAH!
BONK
HOE KOM IK WEER BENEDEN?
HIHI! SIMPEL...
...DRUK JE HAKKEN VOORZICHTIG TEGEN ELKAAR!

NEE! HEEELP!
TSK! IK ZEI NOG ZO... VOORZICHTIG!
OEF! IK WILDE IETS BIJZONDERS, MAAR NIET ZOIETS!
BONK
WAT EEN MAFFE DINGEN...
ONZICHTBARE STRAALLAARZEN!
DE ELEKTRONENBUNDELS LATEN JE STIJGEN EN DALEN ALS JE OP DE NEUS OF DE HAK DRUKT! PROBEER 'T NOG EENS!
HMM...
VOORZICHTIG, HÈ!
WAUW!
FFFRRRR

HOE HOOG KAN IK KOMEN?
DERTIG METER! KOM NU 'NS NAAR BENEDEN!
FRRR
OKÉ! IK DRUK DE HAKKEN TEGEN ELKAAR EN...
...DAAL RUSTIG!
FFFF
RRRR
FFFRRR
OEI! TOCH NOG IETS TE HARD GEDRUKT!
JE MOET NOG WAT OEFENEN...
BONK
...EN DAN KUN JE LOPEN MET REUZENSTAPPEN!
HIHI! ZO MAAK IK WEL INDRUK OP HET FEEST!

DRUP
DRUP
WAT IS DAT?
EEN NOGAL... GENIALE UITVINDING! HIJ IS OVER EEN UURTJE KLAAR!
OKÉ! IK GA EVEN EEN OEFENWANDELING MAKEN!
GOED IDEE!
IK KOM STRAKS WEL M'N AUTO OPHALEN!
PRIMA!
IK BEGIN HET AL TE LEREN...
FFFFRRR
HIHI! IK ZIT NU OP DERTIG METER...

ZEVENMIJLSLAARZEN ZIJN HIER NIETS BIJ!
?
OVER DEZE BOMEN STAPPEN? EEN KIND KAN DE WAS DOEN!
DIT WEILAND OVERSTEKEN? POEH! IN DRIE STAPPEN!

ÉÉN... TWEE...
WAT IS ER, EZELTJE?
GLP!
HÉ! WAT DOE JE?
IAAA... IIIAAA!
OH NEE... IK HALLU-CINEER!
IAAA... IIIAAA!
ZUCHT! VOORTAAN GA IK ECHT OP TIJD NAAR BED...

HMM... OOM DAGOBERT IS BIJ MIJ THUIS!
IK DAAL EN KIJK WAT DIE OUWE SCHURK VAN ME WIL!
EINDELIJK! IK LIJD EN JIJ BENT AAN HET WANDELEN!
WELKE ZIEKTE HEEFT U ONDER DE LEDEN, OOM?
IS HET BESMETTELIJK? U ZIT ONDER DE BULTEN!
GRMPF! MUGGENBETEN!
M'N KANTOOR ZIT VOL VLIEGEN EN MUGGEN!
WAAROM GEBRUIKT U GEEN SPRAY?

SPRAYS KOSTEN GELD! DAN GA IK FAILLIET!
HM! HET WAS MAAR EEN SUGGESTIE!
DIT JAAR IS MIJN WINST AL MET ÉÉN EURO PER MAAND GEDAALD!
IN DIT TEMPO WORD IK ZO ARM DAT ZELFS DE OPVANGHUIZEN MIJ ZULLEN WEIGEREN WEGENS EXTREME ARMOEDE!
JA, HOOR...
IK VOEL ME ELLENDIG EN DAT IS MIJN ZIEKTE: ELLENDITIS!
PAS OP UW HOGE HOED!
SBAM
DE ZIEKTE HEEFT M'N GEZOND VERSTAND AANGETAST!
IS ER GEEN MEDICIJN VOOR... EH... UW ZIEKTE?
NU JE HET VRAAGT... DAT IS ER ZEKER!

MAAR DAN HEB IK JULLIE HULP NODIG!
OH!
OPGELET, DONALD! BEREID JE VOOR OP EEN WEIGERING!
WAT MOETEN WE DOEN, OOM?
GA EEN PAAR DAGEN MET ME MEE NAAR HET BOS!
JULLIE HALEN WATER, MAKEN VUUR EN KOKEN PASTA...
YES! GEWELDIG! WE GAAN KAMPEREN!
EN JIJ... EH...
NOU?
JIJ KLIMT IN EEN BOOM EN INSPECTEERT DAG EN NACHT DE NOORDELIJKE HORIZON! EN DAN...
JA?

DAN WAARSCHUW JE ME ALS JE ROOK OF EEN LICHTSIGNAAL ZIET!
HEEL SIMPEL! DUS GESCHIKT VOOR EEN LEEGHOOFD ALS JIJ!
GRMPF! IK BEN NOG NOOIT ZÓ BELEDIGD!
TWEE DAGEN EN NACHTEN ALS EEN AAP IN EEN BOOM? GEEN DENKEN AAN!
U KUNT 'T BEST!
WILLEN JULLIE ÉCHT DAT IK 'T DOE?
JA! WANT DAN GAAN WE TWEE DAGEN KAMPEREN!
IK DOE 'T MOOI NIET! WELTERUSTEN!
WAT GEMEEN! U BENT EEN... EEN...

KLEINE DONDERSTENEN! ZE WILLEN KAMPEREN OP KOSTEN VAN MIJN WAARDIGHEID!
WACHT! IK GA DE AFLUISTER-DOPJES VAN SUPERDONALD GEBRUIKEN!
GRRR...
IK ZEG ALTIJD MAAR ZO... REKEN NOOIT OP NIETSNUTTEN!
JA! GOED GEZEGD, OOM!
WAAR GAAN WE HEEN?
NAAR HET WILDE WOUD, EEN STUK BUITEN DUCKSTAD!
WIJ KUNNEN OOK UITKIJK ZIJN IN EEN BOOM, HOOR!
GEEN GEK IDEE! DAN LOSSEN JULLIE ELKAAR AF!

EN? VOELT U ZICH NU AL WAT BETER?
STUKKEN BETER!
FINANCIEEL OOK...
ZO SNEL? DAT SNAP IK NIET!
LAAT MAAR, JONGENS! DAT ZIJN GROTE-MENSEN-DINGEN!
IK GA NAAR DE BANK! DAARNA HAAL IK JULLIE OP EN GAAN WE NAAR HET WILDE WOUD!
DAN GAAN WIJ DE KAMPEER-UITRUSTING BIJ ELKAAR ZOEKEN!
D. DUCK
OOM DOET WEL VREEMD...
WAT GEEFT 'T? WIJ GAAN LEKKER KAMPEREN... TEGEN OOM DONALDS ZIN IN!
KLEINE VERRADERS! ZE ZIJN OVERGELOPEN NAAR DE VIJAND!

DE VIJAND HAD HET OVER ROOK OF LICHTSIGNALEN! HM... IN HET WILDE WOUD IS EEN GROOT STUK GROND WAAR INDIANEN WONEN!
IK WIL WETEN WAT DIE OUWE SCHURK VAN PLAN IS! IK VOLG ZE!
IK MOET EERST MIJN AUTO BIJ WILLIE OPHALEN! IN DE KOFFERBAK LIGGEN AL SUPERDONALDS SPULLEN!
WAT GAAT U DOEN, OOM?
BEMOEI JE ER NIET MEE!
TSK! WAT GEMEEN!
ACH, LAAT 'M TOCH!
JA, OEF... HELP LIEVER MET DE KAMPEER-SPULLEN!

PUF! HIJG! IK BEN HELEMAAL KOMEN LOPEN!
NET OP TIJD VOOR M'N NIEUWE UITVINDING!
MAG IK EERST EEN GLAS WATER? IK HEB DORST!
NATUURLIJK! ER STAAT EEN KAN OP TAFEL!
EN WAAR IS JE NIEUWE UITVINDING?
MOMENTJE!
KLOK, KLOK...
HEERLIJK!
DAAR GAAN WE...
PLONS

HUH? W-WAT ZIT ER IN DIE KAN? BENZINE?
NEE, HOOR! ZUIVER BRONWATER!
SWOESJ
MAAR... DAT VUUR...
HET LIJKT VUUR, MAAR HET BRANDT NIET! HET IS PURE ILLUSIE!
OOH! JE VOELT NIETS!
DAT IS DUS MIJN NIEUWSTE UITVINDING... VUURPILLEN, OFTEWEL PYROPILLEN!
ALS JE ZE NAT MAAKT, GEVEN ZE LICHT IN DE VORM VAN ONGEVAARLIJK VUUR!
HIHI!
HOE GAAT HET UIT?
VANZELF! NA EEN MINUUT OF TIEN!
WILLIE WORTEL UITVINDINGEN KLAAR TERWIJL U WACHT!
HEDEN UITVERKOOP

HIERMEE BEN JE DE HELD VAN HET FEEST! EEN PIL IN JE GLAS EN JE LIJKT EEN VUURVRETER!
BEDANKT, WILLIE! MAAR IK MOET NU GAAN...
...HET WORDT TIJD DAT DONALD SUPERDONALD WORDT!
EVEN LATER...
OOM DAGOBERT EN DIE KLEINE OVERLOPERS ZOUDEN NU AL IN HET BOS MOETEN ZIJN...
HET IS GEEN GROOT BOS... IK VIND ZE ZO!
IK BEN ER! EERST MIJN AUTO IN DE STRUIKEN VERBERGEN!
WILDE WOUD
GEBIED VAN DE INDIANEN

NU M'N SUPEROOR-DOPJES IN... DAN HOOR IK ALLES...
...EN MET M'N TELESCOOPBRIL ZIE IK ALLES IN HET DONKER!
ZIE JE IETS, KWAK?
NIETS, OOM DAGOBERT!
ZE ZIJN DICHTBIJ!
JA, HOOR...
OOM! IK ZIE...
VERTEL!

...EEN LICHT... JA... HET GAAT AAN EN UIT...
MOOI ZO! HET SIGNAAL!
?
GAAT U WEG?
TIJD OM ZAKEN TE DOEN! WACHT HIER!
IK VOLG JE ALS JE SCHADUW, OUWE SCHURK!

IK DURF TE WEDDEN DAT DIE VREK IETS SLUWS VAN PLAN IS...
TSJAK
NEE HÈ! GRRR! ZELFS SUPER-DONALD HEEFT WEL EENS PECH!
HMM... OOM HEEFT DUS EEN GEHEIME AFSPRAAK!
HALLO AWAN! IK ZAG JE SIGNAAL! IS 'T GELUKT?
IK KON ALLEEN VANDAAG HET EIGENDOMSBEWIJS VAN HET OPPERHOOFD STELEN!

HEBT U HET GELD BIJ U?
EERST HET PAPIER, DAN KRIJG JE HET GELD!
HIER IS HET!
GING HET MAK-KELIJK?
JA... EN NIEMAND VERDENKT ME! ZE VINDEN ME EEN UILSKUIKEN!
MOOI!
PERFECT! JE HEBT DE BELONING DIK VERDIEND!
HIER! VOOR JOU!
DAAR KAN IK LEUKE DINGEN MEE DOEN!
IK GA NAAR DE GROTE STAD EN DAAR LEKKER SHOPPEN! HIHI!

HOERA! DIT IS MIJN MEDICIJN... RIVIEREN VAN OLIE!
HUH? NOOIT GEWETEN DAT IN DIT GEBIED RIVIEREN VAN OLIE ZIJN!
HIER WIL IK HET FIJNE VAN WETEN!
WE GAAN NAAR HUIS, JONGENS!
MAAR... WE ZOUDEN TOCH TWEE DAGEN BLIJVEN?
WE ZIJN AL KLAAR! IK MOET MORGEN IN DE STAD ZIJN!

DIT EIGENDOMSBEWIJS MOET SNEL OFFICIEEL GEREGISTREERD WORDEN!
HIHI! IK BEN NU DE EIGENAAR VAN DIT GEBIED!
M-MAAR... WAT...
MIJN EXPERTS HEBBEN ME VERTELD DAT ER EEN ENORM OLIEVELD ONDER DE GROND LIGT!
EN NIEMAND WEET DAT NOG!
OOH...
DUS U WILT DEZE GROND STELEN?
KOM, KOM... IK ZOU HET GEEN STELEN WILLEN NOEMEN...
...EERDER EEN ONTDEKKING! DIE IK ALS EERSTE HEB GEDAAN!
SCHANDELIJK!

SCHIET OP! INPAKKEN! IK HEB GEEN TIJD TE VERLIEZEN!
KLAP KLAP
OOM DAGOBERT IS EEN SCHURK!
...EH... ZULLEN ZE HET OOK NIET MISSEN! HIHI!
SUPERDONALD ZAL DIE SCHURKENSTREEK VERHINDEREN!
IK GA ZO SNEL MOGELIJK MIJN NIEUWE LAARZEN AANTREKKEN!
SCHIET OP! SCHIET OP! TIJD IS GELD!
WE ZIJN KLAAR!

WILT U DE INDIANEN ECHT BEROVEN?
ACH, ZE WETEN NIET EENS DAT ZE DIE OLIE BEZITTEN, DUS...
...EH... ZULLEN ZE HET OOK NIET MISSEN! HIHI!
TROUWENS... AWAN HEEFT ME HET BEWIJS BEZORGD!
DAN IS HET NOG STEEDS DIEFSTAL!
IK HEB HEM ER ANDERS FLINK VOOR BETAALD!
FOEI!
FOEI!
FOEI!
HÉ! ZIEN JULLIE OOK WAT IK ZIE?
WAAR?
WAT?
GLP! EEN MONSTER!
GLP! EEN GIGANTISCHE VLEERMUIS!
NEE...

...SUPERDONALD!
SUPERDONALD?! WAT IS DAT VOOR ONZIN?
IK GA...
KIJK VOOR U, OOM DAGOBERT! LET OP DE WEG!

HEEELP!
AAAH!
NEE!
BONK
CRASH
HET WORDT NU TIJD OM TE DALEN EN TE VERDWIJNEN!
IK WACHT HIER HET JUISTE MOMENT AF!
WAT NOU, SUPERDONALD? HIJ WAS NERGENS TE ZIEN!
IK ZAG HEM ECHT!
IK OOK!

MOET JE MIJN ARME AUTO ZIEN! GRMPF! RIJP VOOR DE SLOOP!
JA... HIJ IS TOTAL LOSS!
DIT IS HET MOMENT!
HIHI!
HAHA!
HUH? WIE LACHT DAAR?
HAHAHA!
SUPERDONALD!
NEE! M'N EIGENDOMS-BEWIJS!

STOP! GEEF TERUG! EN SNEL 'N BEETJE!
HET HEEFT GEEN ZIN, OOM DAGOBERT!
JE MAG ALLEEN JE MUGGEN HOUDEN, OUWE OPLICHTER!
BOING
BOING
DIT BRENG IK SNEL TERUG!
SNIK! DAT HEB IK WEER! ARME IK!
HOU OP MET JAMMEREN, OOM DAGOBERT!
ER ZIT NIKS ANDERS OP! WE MOETEN NAAR HUIS LOPEN!
MAAR... DAT KOST ONS DE HELE NACHT!
JAMMER DAN! HET IS UW... EN ONZE STRAF!
ZUCHT!

DAAR IS HET DORP!
HM... WAT EEN KABAAL! ZE HEBBEN VAST ONTDEKT DAT...
AI! AI! AI! NEEEE! AI! AI! AI!
ALARM!
HET BRUINE ETUI IS GESTOLEN!
HOUD DE DIEF!
HAHA! DE HARDSTE SCHREEUWER IS AWAN, DE DIEF!

GEEN PANIEK, MENSEN!
WIE BEN JIJ? EN WAT WIL JE?
KIJK, OPPERHOOFD! HET BRUINE ETUI!
HEB JIJ HET GESTOLEN?
HAHA! IK? NEE, ECHT NIET!
HIER ZUL JE VOOR BOETEN!
IK... IK KAN 'T UITLEGGEN!
GRIJP 'M!
IK BEN ONSCHULDIG! DE DIEF IS IEMAND ANDERS!
HEB JE BEWIJZEN?

HIJ LIEGT! HIJ IS DE DIEF! IK HEB HET ZELF GEZIEN!
WANNEER WAS DAT?
GELOOF ME... IK SPREEK ALTIJD DE WAARHEID! DAT ZAL IK BEWIJZEN!
BRENG ME GAUW EEN BAK MET WATER!
KOMT ERAAN!
INTUSSEN MOETEN JULLIE HEM WEL IN DE GATEN HOUDEN!
DOEN WE!
KIJK! DIT WATER KOMT UIT DE BRON!
OKÉ! LET NU ALLEMAAL GOED OP!

ALS IK MIJN GROTE, GEHEIME TALENT AAN JULLIE LAAT ZIEN, BEWIJS IK DAARMEE DAT IK NOOIT TEGEN JULLIE ZOU LIEGEN!
?
OOH!
IK MOET ERVOOR ZORGEN DAT ZE NIET ZIEN DAT IK DE PYROPILLEN PAK...
ABRACADABRA! SIMSALABIM!
HOPPA!
GLP!
HIJ SPREEKT ECHT DE WAARHEID!
HUH?!
HIJ HEEFT Z'N GEHEIM ONTHULD! HIJ IS ONSCHULDIG!
SWOESJ

IK GEEF JULLIE NOG EEN BEWIJS!
NU VERANDER IK MIJN ADEM IN VUUR!
SVOESSJ
OOOH!
HIHI! JE BENT NIET TE VERSLAAN, OUWE JONGEN!
SPLUT
GELOOFT U ME NU WEL?
JA! MAAR WIE HEEFT DAN HET BRUINE ETUI GESTOLEN?

AWAN! WE HEBBEN HEM OPGEPAKT TOEN HIJ PROBEERDE TE VLUCHTEN...
...MET DIT!
BIND 'M VAST!
LAAT MAAR, OPPERHOOFD! HIJ HEEFT VAST SPIJT VAN Z'N DAAD!
OKÉ, MAAR STRAF KRIJGT HIJ WEL!
EN... WAT DOEN WE MET DIT?
HOU HET GELD! KOOP ER MAAR GRAAF-GEREEDSCHAP VOOR!
IN DE BODEM HIER ZIT OLIE! JULLIE WORDEN ALLEMAAL RIJK!
HOE KAN IK JE BEDANKEN?
GEEF ME DAT ETUI! MAAR EERST... PSST... PSST... PSST...
ZOALS JE WILT... IK ZAL HET VULLEN!

DE VOLGENDE MORGEN...
AU! AU! M'N ARME VOETEN! WAT EEN TOCHT!
HIJG! HIJG!
PUF! PUF!
KEER OM!
MAAK DAT JE WEGKOMT!
OEF! NOG STEEDS VLIEGEN EN MUGGEN!
ZZZ
JONGENS! BEVRIJD ME VAN DIE...
PATS
WE ZIJN TE MOE, OOM DAGOBERT!
HALLO ALLEMAAL! HEBBEN JULLIE LEUK GEKAMPEERD?
WE HEBBEN NIET GEKAMPEERD!
DONALD! WAT KOM JIJ HIER DOEN?

SUPERDONALD KWAM ME WEKKEN! HIJ VERTELDE ME EEN VERHAAL OVER INDIANEN EN OLIE...
...EN HIJ VROEG ME OM DIT AAN U TE GEVEN!
'T EIGENDOMSBEWIJS!
MIJN MEDICIJN!
OEI! W-WAT...?!
ZZZ
FRR
MEDICIJN, ZEI U? HET LIJKT MEER OP EEN ZWERM MUGGEN!
SBAM
WAAROM VERSPILT U ENERGIE DOOR OP UW BUREAU TE SLAAN?

GA LIEVER ACHTER DIE MUGGEN AAN! BEWEGING IS HET BESTE MEDICIJN!
GRRR!
HIHI!
HAHA!
ZAL IK U 'NS WAT ZEGGEN, OOM DONALD?
HET WAS SLIM VAN U OM NIET MET ONS MEE TE GAAN!
IK HAD EEN GOEDE REDEN!
WEG!
MAAK DAT JE GKOMT!
SOMS HEEFT OOM DONALD GELIJK!
JA! DIT KEER WAS HIJ OOM DAGOBERT TE SLIM AF!
WARE WOORDEN, JONGENS! WARE WOORDEN!
EINDE

Mickey Mouse
HET VERDWIJNENDE ALFABET
HET IS AVOND IN DUCKSTAD! TWEE ONGURE TYPES LOPEN DOOR EEN BUITENWIJK...
HOTEL
RENOVATIE TELEFOONCEL
LIJN BUITEN GEBRUIK
VERBODEN TOEGANG
ER STAAT DAAR VERBODEN TOEGANG!
EEN TRUC OM MENSEN WEG TE HOUDEN!
EH... IS ER GEEN TUNNEL IN MIJN MAAT?
HMPF! IK ZEI TOCH DAT JE OP DIEET MOEST!

NEMEN WE DAT KARRETJE?
EEN STUKJE LOPEN IS GOED VOOR JE!
KIJK! DAT IS JACK KNOEST!
JA! DE HELE BENDE IS OPGEROEPEN!
LOOP DOOR OF WE KOMEN TE LAAT!
OKÉ... MAAR IS HET VEILIG?
WEES NIET BANG! KOM BINNEN!

JULLIE ZIJN HIER VOOR EEN GEBEURTENIS... DIE DE GESCHIEDENIS VERANDERT!
WILLEN JULLIE DAT HET KWAAD ZEGEVIERT? DAT JULLIE SCHATRIJK WORDEN?
JA, BAAS! DAT WILLEN WE!
HEEL GOED! HET EXPERIMENT BEGINT!
HOERA!
KLAP
KLAP
STEEK JE RECHTERHAND HIERIN!
HUH?
ZUCHT... IK HEB WEINIG KEUS!
WOOOOEFSJ

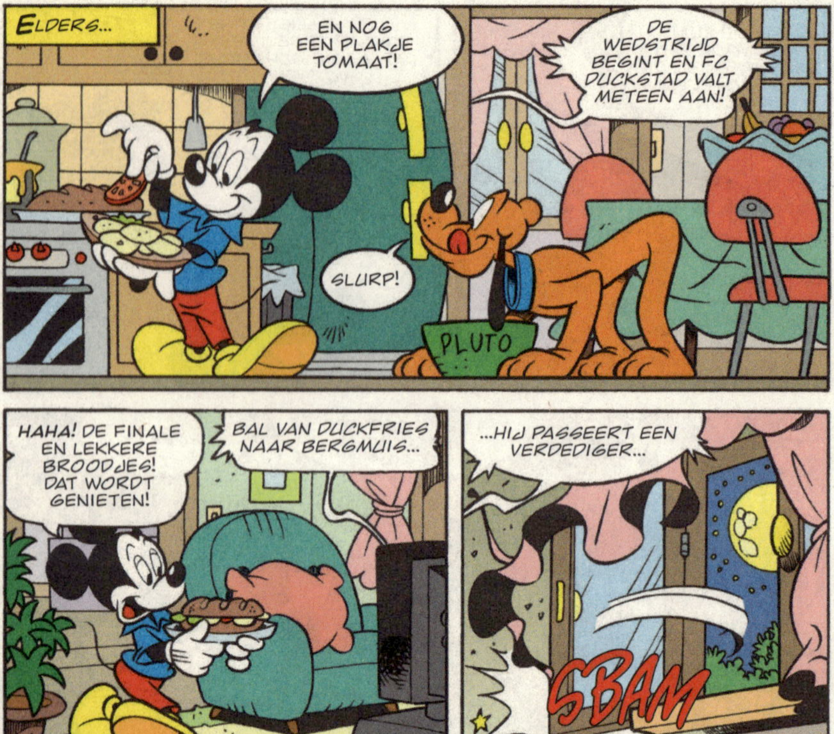
ELDERS...
EN NOG EEN PLAKJE TOMAAT!
DE WEDSTRIJD BEGINT EN FC DUCKSTAD VALT METEEN AAN!
SLURP!
PLUTO
HAHA! DE FINALE EN LEKKERE BROODJES! DAT WORDT GENIETEN!
BAL VAN DUCKFRIES NAAR BERGMUIS...
...HIJ PASSEERT EEN VERDEDIGER...
SBAM
WOOOFSSSSJ
URGH!
FRRRR
SKRIIIE
TONK
TONK
...GAAT NAAR RECHTS... BZZZ... SCHIET EN...

WOOESSJ
SLIK! WAT GEBEURT ER?
KEF! KEF!
SBAM
GOOAL... BZZZ...
HUH?
BZZZ... KFZZZ...
BONK
PFFFFF
OEF... 'T IS VOORBIJ!
EEN VERGEEFSE DUIK VAN DE KEEPER!
WAT EEN BIZAR WEER! EERST OPEENS EEN ENORME RUKWIND EN NU IS HET BLADSTIL!
WAF!

IK GA GAUW DE BOEL OPRUIMEN!
HÉ! WIE KAN DAT ZIJN?
BRIEP
OH! DAG, PROFESSOR LEEP!
HUH? U HEBT ME NODIG... NU?
WAT? IK MOET... EEN BOEK MEENEMEN?!
EVEN LATER...
DAG, PROFESSOR! IS ER IETS AAN DE HAND?
JA! IETS HEEL ERG VREEMDS...

LOS JE NOG ALTIJD MYS-TERIES OP?
EH... AF EN TOE...
WAT IK JE NU LAAT ZIEN, IS HOOGST VERONTRUSTEND!
?!
HISTORIE
EEN HALFUUR GELEDEN ZIJN ALLE BOEKEN GEVALLEN DOOR EEN WINDVLAAG!
DAT IS NIET ZO VREEMD, PROFESSOR! BIJ MIJ GEBEURDE HETZELFDE!
FYSICA
HET WEER IS ALTIJD SLECHT IN DEZE TIJD!
JA, MAAR TOEN IK DE BOEKEN OPRAAPTE, ZAG IK DAT...
HEB JIJ TROUWENS EEN BOEK BIJ JE?
JA, ZOMAAR EENTJE, ZOALS U VROEG!
BIOL

'MUIZENISSEN'! IS DAT GOED?
DUITS
LEES EEN WILLEKEURIGE ZIN VOOR! IK WIL IETS CONTRO-LEREN!
FRANS
"DE OUDE ESP LOM IN DE ZON EN..."
SLIK!
IK VREESDE 'T AL! OOK IN JOUW BOEK ONTBREEKT DE LETTER 'G'!
WAT LATER...
ONGELOOFLIJK! HIJ IS WEG UIT BOEKEN, AFFICHES... ZELFS VISITE-KAARTJES!
Restaurant Chez Jean
VANDAA VISMENU
STADHUIS

HELAAS HEEFT U GELIJK, PROFESSOR! IN DE HELE GEMEENTE IS ER GEEN GEDRUKT DOCUMENT MEER MET DE LETTER 'G'!
HOE KAN ZOIETS GEBEUREN?
DAT WETEN WE HEEL SNEL! EEN COMMISSIE VAN EXPERTS IS DRUK BEZIG!
DAAR ZIJN ZE! HEBT U DE OORZAAK GEVONDEN?
HET KAN EEN DOOR DE WIND MEEGEVOERD ONTKLEURVIRUS ZIJN!
OF EEN DOOR ZONNEVLEKKEN VEROORZAAKTE PLOTSELINGE VERBLEKING!
KORTOM, U TAST IN 'T DUISTER!
EH... WE ZIJN VEEL HYPOTHESES AAN HET NATREKKEN!
BRIIEP
BRIIEP
DE MENSEN EISEN UITLEG!
DE CHEF VAN 'T TV-JOURNAAL AAN DE LIJN!
SLIK!

WAT MOET IK DOEN? SCHOLEN EN BIBLIOTHEKEN SLUITEN?
GEEN **PANIEK** ZAAIEN, BURGEMEESTER!
ZEG DAT DE SITUATIE... EH... **ONDER CONTROLE** IS!
U HEBT GELIJK! HET GAAT TENSLOTTE MAAR OM ÉÉN LETTER!
AAN DE SLAG! IK WIL DAT DE *'G'* DIRECT TERUGKOMT!
WE ZULLEN ONS BEST DOEN!
VEEL SUCCES!
SNIK! DIT IS GEEN **SIMPELE** KLUS!
IK LOOP MET U MEE NAAR HUIS!
DANK JE, MICKEY! IK MOET ZO **TWEEDUIZEND** BOEKEN WEER IN DE KAST ZETTEN!
MAAK U GEEN ZORGEN! IK HELP U GRAAG!

EN ZO, NA TWEE UUR...
DAT GING BEST SNEL! 'T IS NET NA TWAALVEN!
BRIEVEN
FISICA
HISTORIE
DIT WAS DE LAATSTE!
BEDANKT, MICKEY! JE HEBT ME ENORM GEHOLPEN!
HÉ! HIER LIGT ER NOG EEN!
ER STAAT EEN PORTRET VOOROP!
DAT IS TRISTAN VAN HESIUM, EEN OMSTREDEN FIGUUR UIT DE 17E EEUW!
WAAROM OMSTREDEN?
HIJ VOND ZICHZELF EEN GENIALE UITVINDER, MAAR ZIJN TIJDGENOTEN NOEMDEN HEM EEN WAARDELOZE ALCHEMIST!
HIJ WAS GESPECIALISEERD IN ABSURDE PROJECTEN EN... ENORME FIASCO'S!

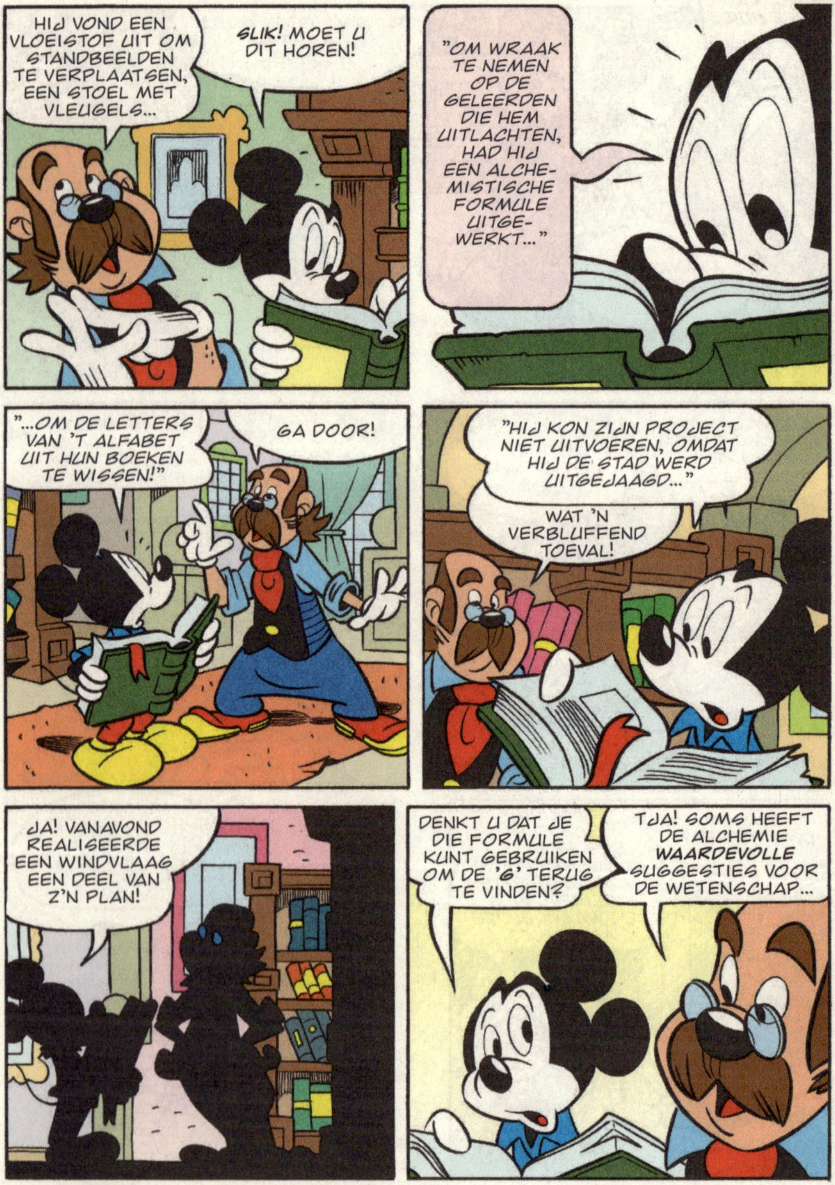
HIJ VOND EEN VLOEISTOF UIT OM STANDBEELDEN TE VERPLAATSEN, EEN STOEL MET VLEUGELS...
SLIK! MOET U DIT HOREN!
"OM WRAAK TE NEMEN OP DE GELEERDEN DIE HEM UITLACHTEN, HAD HIJ EEN ALCHEMISTISCHE FORMULE UITGEWERKT..."
"...OM DE LETTERS VAN 'T ALFABET UIT HUN BOEKEN TE WISSEN!"
GA DOOR!
"HIJ KON ZIJN PROJECT NIET UITVOEREN, OMDAT HIJ DE STAD WERD UITGEJAAGD..."
WAT 'N VERBLUFFEND TOEVAL!
JA! VANAVOND REALISEERDE EEN WINDVLAAG EEN DEEL VAN Z'N PLAN!
DENKT U DAT JE DIE FORMULE KUNT GEBRUIKEN OM DE 'G' TERUG TE VINDEN?
TJA! SOMS HEEFT DE ALCHEMIE WAARDEVOLLE SUGGESTIES VOOR DE WETENSCHAP...

MISSCHIEN SCHREEF HIJ ALLES IN EEN DAGBOEK!
JA, MAAR ALLE **MANUSCRIPTEN** ZIJN VAST WEG...
...TENZIJ ZIJN **NAKOMELINGEN** ZE HEBBEN BEWAARD!
EENS ZIEN OF ER NOG EEN VAN HESIUM IN DE STAD WOONT...
EUREKA! GEVONDEN!
EH... HEB JE MORGENOCHTEND TIJD, MICKEY?
EN ZO...
MODE
MET DIE ZOT WIL IK NIETS TE MAKEN HEBBEN!

MAAR 'T IS EEN BEROEMDE VOOROUDER VAN U!
BAH! HIJ WAS EEN BEROEMDE CHARLATAN!
TERWIJL IK EEN ECHTE MAGIËR BEN! WIE KENT MAGIKA VAN HESIUM NU NIET?
MA IKA
NOU... EH...
INTERESSE IN EEN TALISMAN? JE KRIJGT HEM DRIE DAGEN OP PROEF!
BEDANKT, MAAR IK ZOEK ALLEEN...
JE ZOEKT? HIER HEB JE DE SLINGER WAARMEE JE VINDT WAT WEG IS!
EH... IK WIL ALLEEN WETEN...
...OF U EEN GESCHREVEN DOCUMENT VAN UW VOOR-OUDER HEBT!
TSK! DE FAMILIE VERBRANDDE AL Z'N PAPIEREN!
HM... MAAR...
MAAR?!

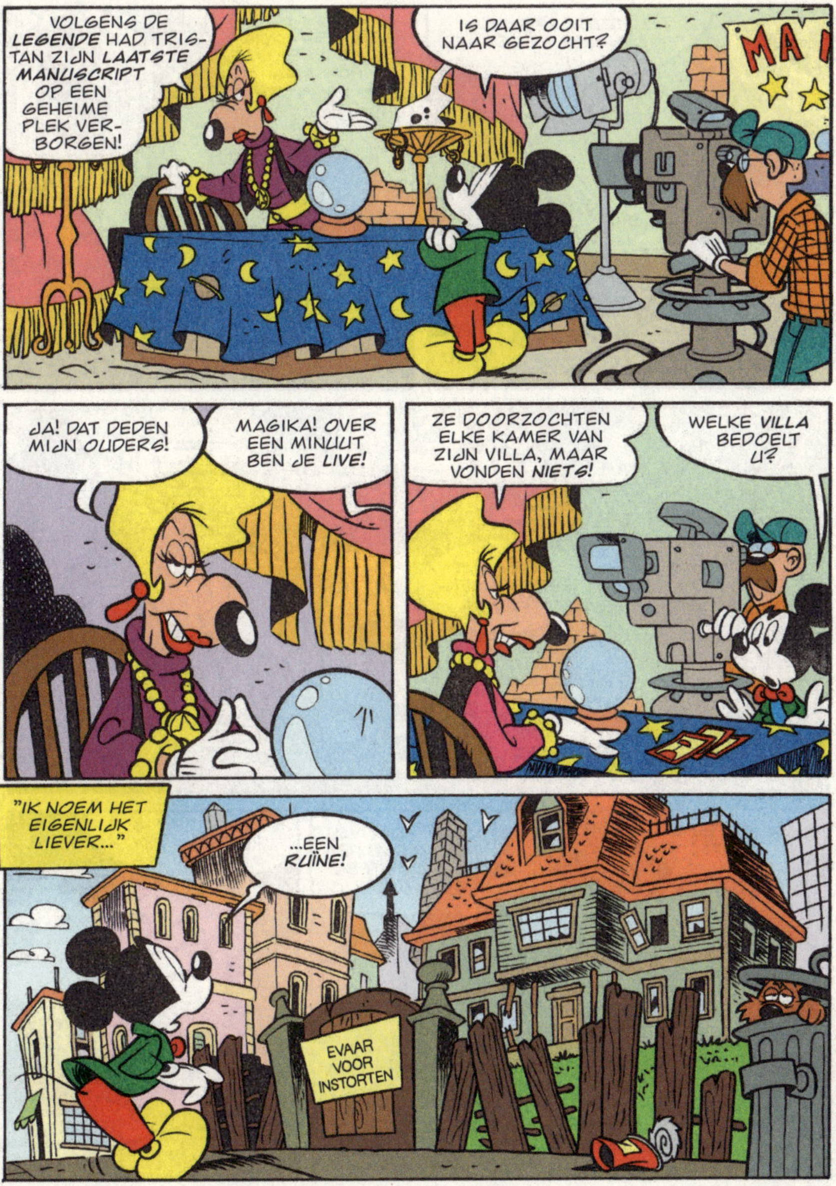
VOLGENS DE LEGENDE HAD TRISTAN ZIJN LAATSTE MANUSCRIPT OP EEN GEHEIME PLEK VERBORGEN!
IS DAAR OOIT NAAR GEZOCHT?
JA! DAT DEDEN MIJN OUDERS!
MAGIKA! OVER EEN MINUUT BEN JE LIVE!
ZE DOORZOCHTEN ELKE KAMER VAN ZIJN VILLA, MAAR VONDEN NIETS!
WELKE VILLA BEDOELT U?
"IK NOEM HET EIGENLIJK LIEVER..."
...EEN RUÏNE!
EVAAR VOOR INSTORTEN

PLATGETRAPT GRAS! IK BEN NIET DE EERSTE HIER!
DIT IS VAST EEN PLEK VOOR ZWERF-HONDEN...
URGH! WAT EEN SPINNEN-WEBBEN!
EN WAT EEN ROET!
DAT KOMT VAST VAN 'N DIER DAT DOOR DE SCHOORSTEEN IS GEKROPEN!
MISSCHIEN IS HIER ZIJN HOL WEL!

NEE, HIER IS NIKS!
SLIK! MAAR WAT IS DAT?
VREEMD! EEN WITTE PLEK OP EEN ROETZWARTE MUUR!
HM... ER ZAT IETS AAN DE MUUR, WAT ONLANGS IS WEGGEHAALD!
BOEM
GLP! EEN EXPLOSIE!

BANK
HAHA! MIJN DROOM! EEN SLAG SLAAN MET EEN KNAL!
EN ERVANDOOR GAAN MET EEN FLINKE BUIT! HAHA!
VROEM
TAATUU TATU
KUCH! KUCH!
DE POLITIE KOMT ER AL AAN, HOOR!
VROEM
SLIK! WAT EEN RAMP!
HALLO, MICKEY! WELKE KANT GINGEN DE BOEVEN OP?
POLI
HET WAS ER MAAR ÉÉN! HIJ GING OP DE MOTOR DAARHEEN!
STAP DAN MAAR SNEL IN!
BRIEP

WAT?! OOK EEN JUWELIER?
PROBLEMEN?
JA! DE ONDERWERELD IS AL EEN PAAR UUR BEZIG!
POLITIE
DP
VROEMM
ER ZIJN NU DRIE BANKEN BEROOFD, EEN JUWELIER EN TWEE SUPERMARKTEN!
SLIK! ZE... PLUNDEREN DUCKSTAD!
JA, EN ZE ZIJN NOG BEZIG!
STOP! STOP!
DAT IS DE DIEF! IK HERKEN 'M!
WERK IN UITVOERIN

HANDEN OMHOOG, JACK KNOEST!
HALT! VERROER JE NIET!
WAT IS ER, INSPECTEUR?
ZEG OP! WAAR IS DE BUIT?
WAAR HEB JE HET OVER?
HMF! OP HET BUREAU PRAAT JE WEL ANDERS!
HAHA! DAT DACHT IK NIET!
TATU TAATUU
POLITIE
DP
TATU TATU
DP

U HEBT HEEL WAT BOEVEN GE-VANGEN!
HAHA! ZE DACHTEN HET MAKKELIJK TE HEBBEN! NEE DUS!
DE POLITIE HEEFT METEEN GEREAGEERD EN NU...
...ZIJN ALLE DADERS VAN DE OVERVALLEN GEARRES-TEERD!
SLIK!
HÉ, JACK! LEUK DAT JIJ ER OOK BENT!
KOM ER GEZELLIG BIJ! HAHA!
NU DOEN ZE STOER, MAAR TOEN WE ZE PAKTEN, GAVEN ZE ZICH OVER ZONDER ZICH TE VERZETTEN!
U HEBT DUS OOK DE HELE BUIT TERUG!
EH... NOG NIET! DIE SCHURKEN HOUDEN HUN MOND DICHT!

ACH, UITEINDELIJK PRATEN ZE WEL!
COMMISSARIS! DE LAATSTE PATROUILLE IS OOK TERUG!
WE PAKTEN ZE IN EEN DEFECTE TELEFOONCEL!
DAT ZAL ZE LEREN VERSTOPPERTJE TE SPELEN MET DE POLITIE!
MAG IK?
WIE IS DAT?
EEN GLADDE ADVOCAAT... BETAALD DOOR DE ONDERWERELD!
HIER BEN IK, HEREN!
JONGENS! ONZE ADVOCAAT IS ER!
HAAL JE ONS ER VOOR HET ETEN UIT?

WAT ZIJN DE AAN-KLACHTEN?
DAT WEET U BEST! INBRAAK, ROOFOVERVAL EN VERDUISTERING VAN DE BUIT!
KLEINIGHEDEN!
HMPF! IK WED DAT U...
...DE RECHTERS PROBEERT TE BEÏNVLOEDEN OF DE PROCEDURES EINDELOOS REKT!
U VERGIST ZICH VOLKOMEN, COMMISSARIS!
MIJN CLIËNTEN EN IK HEBBEN GROOT RESPECT VOOR DE WET!
HAHA!
IK VRAAG OM SNELRECHT!
HUH? WAT ZEGT U?
TOT ZIENS IN DE RECHTSZAAL!
HAHA! DIE OPSCHEPPER HEEFT BLIJKBAAR HAAST!

EN ZO...
IS ER GEVOCHTEN?
EEN VERKLARING VOOR DE PERS, COMMISSARIS!
HOE LAAT BEGINT HET PROCES?
ÉÉN TEGELIJK, ALSTUBLIEFT!
OH! KIJK WAAR IK NU BEN!
TERWIJL HIJ OVER HET RAADSEL VAN DE VERDWENEN '6' EN DE PLOTSELINGE MISDAADGOLF NADACHT, IS MICKEY OP EEN BELANGRIJKE PLEK TERECHTGEKOMEN!
EINDE VAN DEEL ÉÉN

Mickey Mouse
HET VERDWIJNENDE ALFABET
DEEL TWEE
JACK KNOEST IS OP DEZE PLAATS OPGEPAKT!
BUITEN EBRUIK
RENOVATIE TELEFOONCEL
WE PAKTEN ZE IN EEN *DEFECTE TELEFOONCEL!*
HM... WAT EEN VREEMD TOEVAL!
JACK KNOEST LIET ZICH OOK ZONDER VERZET PAKKEN!
HM... HIER ZIT EEN LUCHTJE AAN!

ER STOND EEN TELEFOONCEL OP ELKE PLEK WAAR DE BOEVEN GEARRESTEERD WERDEN... DIE CEL DIENT VAST ERGENS VOOR!
WIE WEET OM DE BUIT TE VERSTOPPEN!
SLIK! HIERONDER IS EEN TUNNEL!
DIT MOET IK ECHT VAN DICHTBIJ BEKIJKEN!
ONGELOOFLIJK! EEN VERLICHTE GROT!

SLIK! KARRETJES VOL GELD EN KOSTBAARHEDEN!
WIE WEET IS DIT DE BUIT...
18K
...AAARGH!
TOK
OP DATZELFDE MOMENT...
TEMPO! DE SOEP WORDT KOUD!
HAHA!
DE WET IS ELIJK VOOR ALLEN
TOK TOK
STILTE!
KIJKERS, WE ZIJN HIER LIVE BIJ HET MEGAPROCES EN...

...U BENT GETUIGE VAN DE TRIOMF VAN HET RECHT!
VANMORGEN PROBEERDEN DE ZWAARSTE CRIMINELEN DE STAD AAN TE VALLEN...
...MAAR DANKZIJ 'T WERK VAN DE POLITIE ZITTEN ZE NU AL IN DE BEKLAAGDENBANK!
WAKKER WORDEN, MUIS!
OH!
BEN JE HIER OM MIJN TRIOMF TE ZIEN?
ARGH! DE ZWARTE SCHIM!
DUS JIJ ZIT ACHTER DE OVERVALLEN!
HAHA! GOED GERADEN!

W-WAT BETEKENT DIT ALLEMAAL?
DAT JE BIJ DE TOEKOMSTIGE HEERSER OVER DE WERELD BENT!
LEG MAAR EENS UIT!
HET BEGON ACHT DAGEN GELEDEN...
"...IK VLUCHTTE NA EEN MISLUKTE KLUS..."
TAATUU TATUU
HIJG! PUF! ZE HALEN ME IN!
EEN LEEGSTAAND HUIS! DAAR VERSTOP IK ME!
GEVAAR VOOR INSTORTEN
WAAR IS HIJ OPEENS? HIJ KAN NIET VER ZIJN!
DAAR IS EEN VERLATEN HUIS, INSPECTEUR!
POLITIE
SKRIIE

ALS HIJ HIER IS, ZIT HIJ IN DE VAL!
VOORUIT! ACHTER 'M AAN!
DOORZOEK ELKE KAMER TOT WE 'M VINDEN!
KUCH! DE OPEN HAARD... ROETZWART!
BOVEN IS HIJ NIET, INSPECTEUR!
HMPF! HIJ MOET HIER ERGENS ZIJN!
HIJ IS IN ROOK OPGEGAAN, CHEF!
GRRR! DAAR LIJKT HET WEL OP, JA!
HIHI! MAAR... IK WAS ER NOG...

"...ACHTER IN DE HAARD!"
GEHULD IN HET ZWART ALS DE SCHOORSTEEN-WANDEN!
"EN TERWIJL IK DAAR STOND..."
HÉ! EEN TEGEN DE MUUR GEPLAKTE DOOS... DIE ZIT ER VAST AL HEEL LANG!
ALS IEMAND 'M VERSTOPTE, ZIT ER MISSCHIEN... IETS WAARDEVOLS IN!
SPLOTSJ
"EN RAAD EENS WAT ERIN ZAT, MUIS?"

HET MANUSCRIPT VAN TRISTAN VAN HESIUM!
SLIK! DAAR HAD HIJ 'T DUS VERSTOPT!
HET WAREN VERGEELDE VELLEN VOL WISKUNDIGE BEREKENINGEN EN ALCHEMISTISCHE RECEPTEN!
IK BESTUDEERDE DE FORMULES EN SNAPTE DAT VAN HESIUM EEN ONBEGREPEN GENIE WAS!
OH NEE!
OH JA! HIJ HAD BIZARRE HYPOTHESES WAARIN HIJ MAGIE EN WETENSCHAP SAMENVOEGDE!
IK BESLOOT ER EEN TOE TE PASSEN DIE MIJN DROMEN KON VERWEZENLIJKEN!

"IK VERANDERDE EEN OUDE MIJN... IN EEN GEHEIM LABORATORIUM!"
TELEFOON-CEL
MIJN
TELEFOON-CEL
"IK ZETTE NEP-TELEFOONCELLEN OP OUDE TOEGANGEN TOT DE MIJN..."
BUITEN DIENST
"...EN ALLEEN MIJN HANDLANGERS ZOUDEN ZE GEBRUIKEN!"
BUITEN DIENST
RENOVATIE TELEFOONCEL

"TEN SLOTTE..."
...TWEE POLLEPELS SOLANUM LYCOPERSICUM AFRAGOLENSIS...
"TOEN RIEP IK DE BENDE BIJEEN..."
"...EN TESTTE DE FORMULE SUCCESVOL!"
HAHAHA!
"EN VAN-MORGEN..."
HIHI!
JUWELIER

MOETEN WE ECHT ALLES HIERIN GOOIEN?
SCHIET OP! ZE KOMEN AL!
BONK
WAAROM VERZETTE NIEMAND ZICH?
OM SNEL VRIJ TE ZIJN! DAT HOORT BIJ MIJN PLAN...
STRAKS DELEN ZE MET MIJ DEZE IMMENSE RIJKDOMMEN!
KOMT ER EEN MASSA-ONTSNAPPING?
HAHA! WELNEE! KIJK LIEVER NAAR DE TV!
WE ZIJN NU IN DE EINDFASE VAN HET PROCES!

DE AANKLACHTEN ZIJN GEHOORD EVENALS DE GETUIGEN! GRIFFIER, LEES NU DE ARTIKELEN UIT HET WETBOEK VOOR!
BEGIN MAAR! HAHA!
EH... DE LETTER 'G' ONTBREEKT!
OOK ZONDER DIE LETTER VERANDERT DE INHOUD NIET!
HIHI! HET MOMENT IS GEKOMEN!
WELK MOMENT?
DAT VAN DE VOLLEDIGE UITVOERING VAN VAN HESIUMS PROJECT!
SLIK!
DE FORMULE VAN HET VERDWIJNENDE ALFABET NATUURLIJK!

"HET OPROEPEN VAN MIJN HANDLANGERS WAS PAS HET BEGIN..."
DE OPGELOSTE LETTER... IS DE 'G'!
WIL JE ZEGGEN DAT...
NU VOLGT DE REST VAN HET ALFABET!
NEE!
B... Z... R... T...
NEEEE!
GA JE GANG, WIND! VERWIJDER, WIS EN LOS OP!
WOOOESJ

WOOOOOOOESSSSSSJJJ
BURGEMEESTER
WEER?
OH NEE!
WOOOOOOOESSSSSSJJJ
OH OH!
DAAR GA IK!
SLIK!
IK KAN NIET MEER
VAN HET LACHEN!
HAHA!
WOESSJ

VOORUIT, GRIFFIER! RAAP HET WETBOEK OP!
OEI, OEI!
DE METEOROLOGISCHE STORING IS VOORBIJ! HET PROCES GAAT VERDER!
BRAVO! GOED ZO!
KLAP
KLAP
KLAP
WAT ZEGT HET WETBOEK OVER DE DADEN VAN DEZE HEREN?
SLIK! DE PAGINA'S ZIJN... BLANCO!
HAAL VLUG EEN ANDER WETBOEK!
EDELACHTBARE, IN HET HELE LAND IS GEEN LEESBARE TEKST MEER!
W-WIE HEEFT DE WOORDEN GEWIST?
KIJK, EDELACHTBARE! IN HET WETBOEK STAAT GEEN WOORD OVER DADEN EN STRAFFEN...

DAT BETEKENT DAT MIJN CLIËNTEN... NIET KUNNEN WORDEN VERVOLGD!
DAAROM VERZOEK IK OM ONMIDDELLIJKE VRIJLATING VAN DEZE BRAVE BURGERS!
BRAVO! HEEL GOED!
DAT MOETEN WE VIEREN, JONGENS!
DUS NIEMAND KAN DE GESTOLEN SPULLEN OPEISEN, HÈ?
HAHA! HET RECHT ZEGEVIERT NU EENS NIET!
HOERA!
WE WACHTEN OP UW VONNIS!
SNIK! ER IS GEEN WET MEER!
WAT EEN CHAOS! GEEN WET MEER, GEEN TEKST MEER, GEEN...

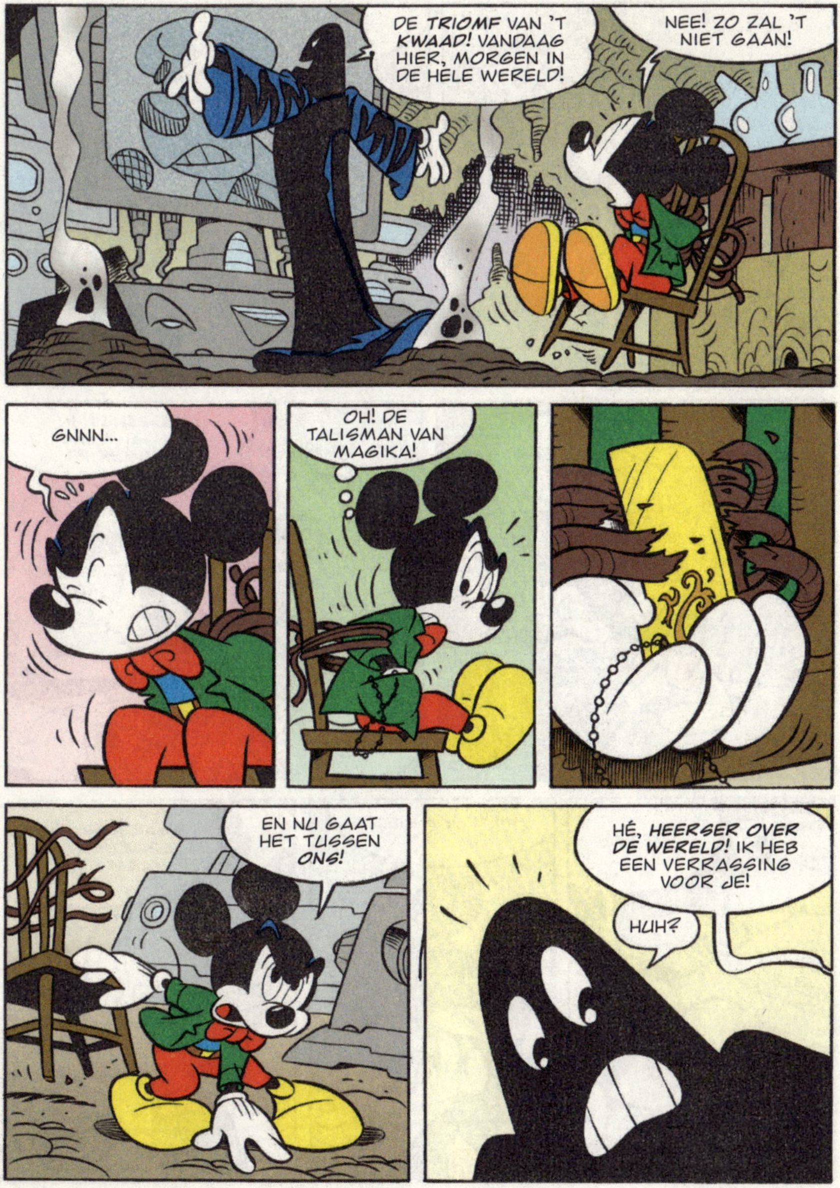
DE TRIOMF VAN 'T KWAAD! VANDAAG HIER, MORGEN IN DE HELE WERELD!
NEE! ZO ZAL 'T NIET GAAN!
GNNN...
OH! DE TALISMAN VAN MAGIKA!
EN NU GAAT HET TUSSEN ONS!
HÉ, HEERSER OVER DE WERELD! IK HEB EEN VERRASSING VOOR JE!
HUH?

PAK AAN!
BAF
AAH!
ZEG JE SNODE PLANNEN MAAR VAARWEL!
URGH!
DE RECHTER SPREEKT ZO HET VONNIS UIT!
ER MOET EEN REMEDIE ZIJN!
MISSCHIEN IN VAN HESIUMS MANUSCRIPT...
NIETS!
HIER OOK NIET!
MAAR HIER WÉL! "GEBRUIK MIJN NAAM OM..."

DAT IS HET!
HET ALFABET KOMT TERUG... MET DE NAAM VAN TRISTAN VAN HESIUM!
ALLE LETTERS IN DE KETEL!
R... A... T... S...
OH...
WOOOOEFSS

WOOOOOOOESSSSSJJ
WOOOOESSSSJ
ARGH! HOE KAN DIT?
WOOOOESSSJ
RECHTBANK
BESTE KIJKERS, DE WET IS ER WEER!
DE WOORDEN KOMEN TERUG!
MOOI ZO! HEREN, BEREID U VOOR OP EEN DUIDELIJK VONNIS!
OH NEE!
NEEE! BOEHOE! SNIK!

HOERA! DIT GAAN WE VIEREN!
DE NACHTMERRIE IS VOORBIJ!
HET ALFABET IS TERUG!
HOTEL
Juwelie
SUPERMARKT
BLOEME
DAGBLAD
GLP! DE FORMULES ZIJN VERDWENEN!
ELLENDIGE MUIS!
SNIK! ER IS NIETS OVER VAN VAN HESIUMS ALCHEMISTISCHE FORMULES!
TOE, NIET HUILEN!
IN DE GEVANGENIS KUN JE DE ENCYCLOPEDIE VAN DE ALCHEMIE LEZEN VAN A... TOT Z! HAHA!
SNIK!
einde